アニミズム時代

岩田慶治

法蔵館文庫

本書は一九九三年六月法藏館より刊行された。文庫化にあたり『岩田慶治著作集』第七巻（講談社）収録時に著者が加えた補訂を反映し、また、「付記　いま、なぜアニミズムなのか」を追加した。

目次

アニミズム時代

はじめに――〈アニミズムの時代〉が来る――

朝、庭におりたって木々にあいさつする。「今日は、木蓮さん」、「今日は、泰山木さん」。もちろん、木は返事をしない。しかし、泰山木の枝にぶらさがり、木蓮の肌に触れていると、ゴツゴツした、ザラザラした肌ざわりをとおして、木々の返事がかえってくる。自然のなかの応答、感覚のやりとり、そこにアニミズムの出発点があるのではなかろうか。あの枝にカミがいる。この木にカミが宿っているという前に、そこにアニミズム以前の世界がひろがっているのだ。

こういう感覚のやりとり、その往復運動は、われわれのまわりに不断にくりひろげられている。ここにくりひろげられ、そこにくりひろげられ、地表ぜんたいにくりひろげられている。われわれはモノで埋めつくされた世界にいるだけではなくて、アニミズム以前の世界のただなかにいるのだ。

そのなかからカミが誕生する。アニミズムと呼ばれるもっとも根源的な宗教が生れる。

アニミズムは目前脚下の事実である。

これまで、われわれはアニミズムを誤解していた。それを見る見方に歪みがあった。

その一は、アニミズムは未開人の宗教という考えである。人類学における進化主義の風潮に災いされて、きわめて表面的に未開と文明を区別してしまった。

その二は、アニミズム→シャーマニズム→民族宗教（多神教）→世界宗教（一神教）という宗教進化の図式を、何となく受け入れてしまった。仮説がホンモノになってしまい、それがフィルターになって現実を見る目を歪めてしまった。出発点におけるホンのわずかの狂い、そこに問題があった。

その三は、いわゆる高度宗教に対するときには、その人自身が発心修行し、坐禅瞑想してその世界の内部に入ろうとするのであるが、アニミズムの場合だけ、いとも手軽に「あの川にカミがいるとかれらはいっているが、そんなことは未開人の誤解さ」といって、自らそのなかに参入しようとしないのである。未開人と一緒に、アニミズムが切り捨てられてしまったのである。

それなら、アニミズムなど捨てて顧みなければよいのに、人類学、宗教学の教科書のページにはそれが必ずとりこまれている。軽侮のまなざしを投げかけるためにだけ——。だから、『聖書』にあるようにどうぞ、目のなかの梁《うつばり》を取り去ってから、アニミズムに対面していただきたいのである。

アニミズムは一般に、精霊信仰と訳されている。もともとはイギリスの人類学者タイラー（E. B. Tylor, 1832–1917）が唱えた宗教のかたちで、人間だけでなく動・植物や無生物のすべてがそれ自身のたましい（魂、霊魂、精霊《スピリット》、アニマ）を持っているとする人びとの信仰を指している。いわゆる原始宗教の一つで、多くの未開人がこれを共有している。そう理解されていた。

しかし、さらに考えをすすめて、そもそも魂とは何か、魂と霊魂とはどう違うか、精霊との異同はどうか、などと信仰の内部に深入りしていくと、それが目に見えないものであるだけに、議論の行方がわからなくなってしまうのであった。

アニミズムの魂というのは、夢や幻覚のなかの出来事と同じなのか、違うのか。それはケシ粒、ゴマ粒のように実体をもったものなのか。それとも力、ないし一種のエナジーなのか。その力はいわゆる超能力の一種なのか。いずれにしろ、それは古代日本のカミと同じなのか、違うのか、といった具合に、問題が果てしなくひろがってしまうので、これらを総合的に検討した上で、そのすべてにあてはまる本質をひきだそうとすると、それが途方もなくむずかしかったのである。

アニミズムの定義は比較民族学の方向からはできにくい。だから、ここではとりあえず、すべての存在にスピリットが宿っている。それはモノであると同時にカミである。そういうごくおおまかな定義から出発することにしたい。

というのは、問題はアニミズムの本質の側にあるだけでなく、それをとらえようとするわれわれ研究者の側にもかかわっているからである。研究の方向、その目ざすものが問題なのだ。別のいい方をすれば、霊魂、あるいはスピリット、あるいはカミを映す鏡が問題だからである。そもそも、カミを映す鏡、自分という鏡はどういう鏡なのだろうか。

それは観察者のもっている鏡だろうか。それとも参与者のもっている鏡だろうか。その鏡に映るのは、モノだろうか、カミだろうか、自分だろうか。

さて、これから述べようとすることは今日のアニミズムである。それは私のアニミズムであるとともに、皆さま一人ひとりのアニミズムでなければならない。ホントのことをいうと、木のアニミズム、鳥のアニミズムというふうに、森羅万象がそれぞれの世界の主人公になって自分を語りだし、また、たがいにそれを聞くことのできる時が来るのを待っているのである。

そういう時がこの本のなかで自然に開かれていくことを願ってやまない。

いま、人類は未曾有の大変革期に直面している。そこでは民族と民族がぶつかりあい、宗教と宗教が対立し、人類と自然との共存が危ぶまれている。迫りくる危機を声高く警告する人もいるし、黙って、こころの奥深くに終末を予感している人もいる。

こういう危機的な時代のなかで、各方面からアニミズムにたいして期待がよせられているのだ。「この人類的な危機を救うためにはアニミズムを再検討しなければいけない」。そういった提言なのである。

われわれが目標としている生活大国というのは、現在のようなモノに満ち満ちた生活の延長線上に築かれるのか、そこに新しい、あるいは古くから、いや、原始時代からの世界観が加わらなければならないのか、問題である。問題というより、それは自明のことなのだ。われわれの生き方を変えなければ、南北問題は解決しない。われわれはあまりにも南の文化から離れて、人間と地球を管理する「宇宙船地球号」の方向にすすみすぎてしまった。自分の由来、自分の根っこから離れてしまった。

だからといって、ただちに単純生活（シンプル・ライフ）といい、暮らしは低く思いは高く、といっても、その生活にあふれるような魅力がなければ誰もそこへ行こうとはしない。アニミズムはその魅力の源泉なのである。

そこに魅力ある風景がひろがっているに違いないのだ。

私は、そう思って、年来アニミズムの立場に立つ人類学を学んできたが、その自分の立場、自分の考え方も年月とともに変化した。旧アニミズム（伝統的な考え方）にたいして、自分の主張を新（ネオ）アニミズムと呼んだり、新旧のアニミズムを包括して、すべての宗教の根っこ、土のなかの宗教をアニミズムと呼んだこともある。

そこで今回、いま、私が自分の立場から見たアニミズムの本質と諸相を展望して、これまでの考えをまとめておくことにした。収録した論考には多少の時間の前後を含むけれども、ほぼ、これが自分にとっての「今日のアニミズム」である。

ここまで来たからには、アニミズムという耳馴れない術語を忘れて、そういう世界に身をひたして読んでいただければ有難いと思っている。


さて、「はじめに」の文章を書き終ろうとして、一つ大切なことを書き忘れていることに気がついた。それは宗教と宗教文化の区別についてである。自分としては、それを自明のこととしているのだが、一般にはそう思っておられない方も少なくないようである。そこで、ごく簡単に両者の区別について述べておきたい。

私はこう考えている。

宗教はこころの動きだ。宗教文化はその型だ。

宗教はからだ、宗教文化はその衣裳、そういってもよい。

あるいはこういうこともできる。こころが自分を超える方向に動こうとする。それが宗教。その動きが、教義をつくり、教団を組織し、専門の職能者を育てあげる。そこに集まってくる信者もでてくる。これらをひとまとめにしたもの、それが宗教文化だ。

われわれはいつも、からだと文化の束縛から自由になりたいと思っている。自他の不安を脱け出して、やすらぎをえたいと思っている。そこで日常世界とは違った世界をあこがれるのだ。そのための手段として宗教教典を通じて別の世界へ歩み入ろうとする。そのことによって自分の本来のあり方、あるべき姿をとりもどし、兼ねて、ひととひと、社会のなかの人間関係をスムーズに調整しようとする。相互信頼に基礎を置いたものにしようとする。

有限なものだけに満足できないから、何とかして無限に根ざした生き方をしようとする。われわれはいつでも、そこからそこへ、出て入って、入って出る。そういう行動の根っこを、しっかりしたところ、波風にびくともしないところに据えようとする。つまり、宗教に根をおろそうとする。

宗教が文化のなかに滲透して、落ち着いた、したしみ深い人間行動をうながす。そういうふうに宗教が成長し、成熟して宗教文化をつくりあげるのは望ましいことだ。しかし、他方、宗教文化が、宗教を欠いた根なし草になっては困る。だから、宗教と宗教文化をわけて、前者を強調するのだ。

文化の根っこに宗教がある。無意識がある。そういってもよいが、実は、無意識といったってただよう雲のような、あるかないかわからないあり方を指しているのじゃなくて、自然、つまり森羅万象、山河大地のあるがままの姿をそこに見ようとしているに違いないのだ。

I　アニミズムとは何か

カミの出現――アニミズムの見取り図――

アニミズムとは何か

アニミズムと呼ばれる宗教には、いうまでもなく、教義も、教団もなく、宗教的職能者もいない。だから、もともと、一人ひとりの宗教なのだ。それはもっとも単純で、もっとも素朴な宗教だと考えられている。しかし、その核心にひそんでいるカミ、あるいは魂、霊魂を言葉のレベルで受けとめるだけでなく、自分がその場に歩み入ってその本質を尋ねあてようとすると、思いのほかに厄介な事態に直面することになる。

アニミズムのカミとは何事なのか。しばらく、これまでの歩みを振り返ってみよう。いま、カミといったが、そのカミのいる場所を私のフィールド・ワークの場に近づけるために、カミをタイ語・ラオ語の精霊、ピーに置きかえて考える。タイ、ラオスのカミ観念はピーだけでなく、とくに人間についてはクワン（魂）を用いることが多いが、今はその区別も取り払って考える。地域ごとの呼び名、その歴史的変遷、とくに大都市における最近の用例などを研究することは、それはそれで大切なことだけれども、この場の目的からは煩雑にすぎるからである。それらをピーで代表させ、やがてカミで代表させたいのだ。

ピー（精霊）はモノではない

ネコのピー、巨木のピー、水のピーなどというが、その場合、ピーはケシ粒、ゴマ粒のようなものではない。ネコの身体にピーがひそんでいるわけもなく、木を伐ってピーを取り出すこともできない。ネコがいる。ピーもそこにかくれている。木がある。ピーも木の葉のさきでそよいでいる。しかし、そこにピーというエナジーを帯びた粒子を探しても無駄だ。

ピーは直接経験

このネコのピー、あのネコのピーというふうにピーの数を数えていくと、それは一つなのか、多数なのか。また、ネコのピー、木のピー、水のピー、魚のピーと異種のピーが数多く数えられるが、それらはそれぞれ異質のピーなのか、それとも同質のピーか。

これはかなり厄介な問題である。フィールド・ワークをして村びとに問いただせば解決がつくかどうか。半分は解決するが、半分は解決しない。その場に参与するというなら、村びとがピーのあらわれを経験する現場に立ち会わなければいけないが、そんなことはまずできない。村びとと自分とが、時・処を異にする二つの経験を共有するより方法はない。ピー経験は半ば――それが全体でもあるが――あなたの問題なのだ。ピーは直接経験なのだ。そうなってくるとピーは数えられない。それは一つであると同時に多数である。私のピーはネコのピーである。

野性のカミと文明の神

ピーは同じ場所に定住しているものか、それとも去来するものだろうか。この問題を考えるには先祖のピーがわかりやすい。それは年に何度か、時を定めて村の小祠に降臨し、やがて立ち去っていく。つまり、去来する。農業はじめの祭りと収穫感謝の祭りなどがその時期であるが、こういうピーは大幅に文化の衣裳を身にまとったピーなのだ。だから、その行動は文化のプログラムにしたがうことになる。そこで私はこういう性質のピーを神と呼び、もっと素朴なピーをカミと表記することにしている。野性のカミと文明の神である。

ピーのかたち

ピーは有形か、無形か。これが問題だ。ネコのピーはネコという形を離れない。水牛のピーは水牛の形を離れない。それにもかかわらずピーの本質は一つである。形とはかかわらない。矛盾したことをいうようであるが、そうとしか考えられない。「村びとの意見はどうか」といわれるかもしれないが、村びとはノートの上で思考しているわけではない。前の経験と後の経験は切れながら連続しているのだ。

だから、山のカミは山そのものがカミなのだ。山を離れて社殿に鎮座しているのがカミじゃない。山のカミ、社殿の神といってもよい。

カミの変貌

カミは成長するか。こういう問いに答える場合に、一番むずかしいのはカミそのもの、カミの本質とその名まえを取り違えないことだ。カミは経験そのものとして名まえがない。その名まえのないカミが文化のなかに位置づけられ、カレンダーのなかに組みこまれ、小祠に祀られて、村びとの祈りと供物を受けるようになると名まえがつけられる。そうなると名まえの統合、発達がおこる。稲のカミ、先祖のカミ、土地のカミが統合、合体して、力のつよい神になるようなものである。精霊としてのカミが悪霊に転じて、妖怪、おばけ

村の小祠（スリランカ）

になることもある。そうなると、民族文化のなかでおどけた、痛快な、そしてしんみりした役割を果すことになる。一面からすればカミのなれの果てであるが、一面からすればカミの物語化である。

神の足あと

カミを神の足あとととらえてもよい。足あとだけが見えるのだ。虎に出会うことはほとんどない。しかし、その足あとを見つけることはある。草原の土に足あとがつづいている。なーんだ、足あとかと安心していると、突然、背後から虎が襲いかかってくることがある。そのとき、虎の咆哮《ほうこう》がカミで、足あとが神かというと、そうでもあるし、そうでもない。いくら威力があったって、おどし、跳びかかり、殺戮するだけではダメだ。カミではないし、神にもならない。しかし、殺したものが蘇《よみが》えるというなら、話は別だ。そうなったら、虎が神かどうか考え直さなくてはならない。

ラオスの夜の草原で、私も虎に出会ったことがある。子どもの虎だった。あの虎は、いま、元気にしているだろうか。あれはカミ以前、神以前の虎だった。

最初のやりとり、互酬性

おどろきとやすらぎが同時におとずれる。そういう経験を反芻《はんすう》してカミと呼ぶ。この点ではオットーの『聖なるもの』がたいへん参考になる。しかし、それを「聖 das Heilige」と呼んでよいかどうか、私にもわからない。それが聖俗を包むように思われるからである。カミと呼ばれる経験のうちには、最初の、もっとも原初的な、コミュニケーションが含まれているように思う。対話が含まれている。何かしらないが、往復運動が含まれている。ただし、対話が同時に自問自答なのだ。

とにかく、あまり神の名を口にしない方がよいかもしれない。

カミを見いだす方向

アニミズムはカミ経験の宗教的・文化的表現である。その経験は、単に日常性から非日常性の方向においてあらわれるだけでなく、神からカミへという方向においてあらわれる。文化から文化以前への方向といってもよい。調査者がその方向をむいていなければダメだ。カミから神への方向にむいていても学問はできる。しかし、宗教にはならない。大切なことは方向をもった出発だ。その出発点だ。

自分学のなかのカミ

アニミズムの木がある。
アニミズムの木は実生《みしょう》の木だ。
種子が地に落ちて芽生えたものばかりだ。
根があり、幹があり、枝があって葉が繁っている。
枝が折れていることもある。
しかし、時がくると花が咲いて実がなる。
実は、鳥に食べられてから地に落ちる。
この木がじつは私なのだ。
アニミズムという宗教は、
自分学のなかの出来事なのだ。

アニミズムの木

自分という木がある。
自分は木になれない。
木は自分になれない。

それなのに自分という木があって、
木の葉が散る。
そこにカミが宿るときがある。
カミが宿らなくたってかまわない。
絶え間なく散るものがあればいい。

それは跳躍台に似ている

カミという経験をいいかえると、生きていく明日に向ってのスプリング・ボードだ。
スプリング・ボードはいたるところにある。
木の枝に、草の葉に、石の上に、
鳥や、蝶や、昆虫や、魚の姿に、
ヒマラヤの峰々に、熱帯の森のなかに、大河のさざ波に、
それがある。
実際に、そこに跳ね板があるわけじゃない。
そこに足をのせてトンと踏みこむと、すぐさま、反撥してポーンと跳びあがる。
その一点が問題のところだ。

その場所を文化の項目表のなかに探しあてることはできない。
そこは文化と非文化の接点、
モノ、生きものと自分との接点だ。
接点だが、接する前の接点だ。
ひとと大地のもっとも根元的な対話の成立するところだ。
そこはここだ。
地表をおおって、いたるところがそこでここだ。
地表はすべてカミの足あとでおおわれている。

原風景をたずねて

まき割りの光景を思い出してほしい。
庭の片隅に丸太をたてかけ、
まさかりを振りかぶってエイ、ヤッと振りおろす。
丸太が割れ、新しい割れ目がうまれる。
木目がうかび、ささくれ、しっとりと濡れて、
それは天地の綾だ、宇宙の折り目だ。

割ったあとの模様だ。
いや、割る前にすでにそこにあったのだ。
割る前にあり、割ったときにあり、割った後にある。
それはどこにあるのだ。
木の内部だけではあるまい。
永遠という時の
その場所にあったのではないか。

アニミズムとシャーマニズム

かつてラオスに滞在していたとき、何度も山にのぼってヤオ族の村をたずねた。一泊、二泊して帰ってきたのだが、ヤオ族の村びとも毎日のように谷間の村の私の家にやってきた。そうして趙竜思《チヤオ・ロンフユイ》と親しくなった。かれはシャーマン（巫師）だった。ヤオ族の村に行くと、焚き火にかざして焦げ目をつけた茶の葉に湯をそそいで飲み、緑色のドロッとした薬酒をのみ、洗面器になみなみとついだ豚の血をのみ、発酵してヌルヌルした馴れズシを食べた。もちろん、調査に出かけたのだから、あれやこれや尋ねてまわった。おたがいに漢字がわかることもあって、村びとと親しくなった。ところが困ったことが一つあった。

昼食をすますと私との話もそこそこに、アヘンを飲んで寝てしまうことだった。村長や長老たちは皆そうだった。食後の一服がたまらないというのだ。そのひとときに夢幻の世界をさまようのだろうか。きびしい日常生活から離脱して、どういう旅に出るのだろう。わが友、ロンフユイもアヘンが好きだった。水タバコの吸い口に黒砂糖のようなアヘンをつめて、火をつけ、ブクブクと吸いこんでいた。祭りのときはアヘンのもたらす忘我の中で踊った。羽ばたく鶏を頭上にかざし、その首をかき切り、白米の上に血をそそいだ。一シャーマンたちは輪をつくって踊り、祖先の神に祈り、割り竹の呪具を投げて占った。一本足でハッハッと荒い息づかいをして踊りまわった。アヘンの幻想のなかで祖先たちの住むあの世へ旅するのだろうか。そこに無何有《むかう》の郷《さと》が出現するのだろうか。この世と重なってあの世があり、この世とあの世のあいだの紙一枚のすき間でシャーマンの老人が舞ったのだろうか。老人はそのとき、この世とあの世を同時に見たのだろうか。脳のなかにひきおこすアヘンの作用が、そうさせたのだろうか。脳のなかに新たな風景が組み立てられたのだろうか。そうだ、と思う。しかし、そうだと思いたくない。幻想の鏡とその鏡に映ったラオスの山河のあいだに、もう一枚、幻想ならぬ明鏡がほしいのだ。透明な鏡がほしい。アヘンの鏡に映るのじゃなくて、そうかといって直接に脳によって処理されるのでもなく、森羅万象が森羅万象の方から、自分から、そこに身を投げかけてくる。そこにぶつかる。

そこに自分の生死を映す。人間もまた、そこに自分を映す、そういう澄みきった鏡がどうしてもほしい。

それがほしいばっかりに、アニミズムなどと言いだし、いつまでも、それにこだわっている。アニミズムだけが、その火花のような一瞬のカミ経験だけが、くっきりとその鏡に自分を映すからだ。自然と人間との接点、接する前の接点、そこにアニミズムと呼ばれる宗教の場がある。

アニミズムにおける空間性、あるいはあの世性、鏡としての性格を強調するとシャーマニズムになる。アニミズムとシャーマニズムは同根だ。

同時という時空

この鏡を「同時」の世界といってもよい。「同時」といえば時間の枠内にあるかと思われてしまうが、そうではない。まったく新しい時空なのだ。

時間がとまって空間があらわれる。その空間に穴があいて時がしみこんでいく。

古池や、蛙とびこむ、パシャッ、ポトリの場所といってもよい。静かな表面に波紋がひろがっていく。蛙になってその波紋を追い、岸辺の草になってその波紋を待つ。いや、自ら波紋となって限りない静けさをつたえる。波紋となって凸凹《でこぼこ》の地面にひろがっていく。

熱帯のスコールのように、地表のいたるところをバシャバシャ、ザーザーと雨滴が打ちつける。バシャバシャと雨が降り、ジャブジャブと水が地面にあふれる。天地、雨ばっかり。上下もなく、前後もない。昨日のことを忘れ、明日のことに思い悩まない。そこに「同時」の世界の窓があって、そこから「同時」の世界の隅々が見えてくる。見えるだけじゃ困る。「同時」のなかに歩み入って、何度も、何度も、生れかわる。

この窓に東京のビル街が映り、キラキラと夕日をうけたかと思うと、きたならしくて目をそむけたくなり、敗戦直後のようなプノンペンの町が映り、うす汚れた布をまとった人びとが右往左往して、文化と非文化がたがいに自分の優位を主張し、イバン族の天井に吊りさげられた籠のなかの頭蓋骨が映り、怨念をこめて、いや、すでに恩讎《おんしゅう》の彼方からこちらを見つめている穴のような目が映る。飢えて死にそうな子どもの大きい目とふくれたお腹が映り、あどけない子どものあどけない顔が映る。そうかと思うとどこかの国の不思議な子どもが映る。一人で二人、二人で一人になっている。手足の数、頭の数はとにかくとして、この人の主人公は一人なのか、二人なのか。わからない。

われわれはコスモスじゃなくて、カオスに対面しているのだ。それが現代だ。

カオスに対面する。混沌のままで混沌に対面しうる宗教はアニミズムだけではなかろうか。

宇宙船地球号の出発点

われわれの地球が科学と宗教によって、脳と情報によって管理されてしまわないために、宇宙船地球号があてどなく漂流してしまわないために、いま、考えなければならないことがある。宇宙船地球号の目的地はわからないかもしれない。しかし、出発点はわかるだろう。地球というカオスと自分というカオスが衝突する。その接点、接する前の接点にアニミズムの地平がひろがっていなければならない。

私はそう思う。

宗教の海——宗教の発端としての「大洋感情」——

「大洋感情」とは

ロマン・ロランが「大洋感情」というべきものに着眼した。それがすべての宗教の本質的な部分である。あるいは、そこにきわめて近いところにある、といった。この着眼、いい換えればロマン・ロランと海との出会いは、きわめて注目すべきことであった。今後、この出会い、この着眼をとおして数多くの宗教の世界のありよう、その根っこにあるものが解明されていくように思われる。

では、「大洋感情」という言葉の背後に、いったい、どういう経験、どういう思想がひろがっているのだろうか。まず、その点を述べておきたい。

大洋とは、ロマン・ロランによればすべての川の流れ入るところだ。ロランは川の多い国に生れたという。

わたしは川の多い国の生まれである。わたしは川を生きたもののように愛する。先祖の人々が川にぶどう酒や乳を注いでやった意味がわたしにはわかる。ところで、すべての川の中でもっとも神聖な川は、魂の奥から、玄武岩の岩間から、砂地から、氷河から湧き出る川である。そこにこそ、わたしが宗教的と呼ぶ始源的な力がある、それは芸術にも、行動にも、科学にも、宗教にも、はかり知れぬ千尋の闇を黒々と湛えるところから、やむにやまれぬ傾斜に沿うて、意識され、実現され、支配された「存在」の大洋に流れて行くこの河に共通なものである。そして、水がふたたび水蒸気となって、海から立ち昇り、天上の雲にいたり、河川の源を養うように、創造の輪は間断なくつながりつづくのである。源から海へ、海から源へ、すべては同じ「力であり」、「存在」である。始めもなく終りもない(1)。

ロランのなかの大洋、あるいは海、それが何を意味しているか、これで明らかである。「源から海へ、海から源へ」とめぐりめぐるものの底に「海」を見ていたのである。そういう存在のありかたが、「大洋」だったのである。

かれは、また、「大洋」のなかに東洋と西洋との融合、あるいは協力を、いわば予感していた。「つねに平等の立場における東洋と西洋の協力であり、理性の力と直観の力の協力」、それがかれをしてインド研究へ向わせることになったのだ。見えない糸がかれを導いたのであろう。

大洋がすべての川を受け入れるということは、そこに同時に「東」と「西」の思想、「東」と「西」の宗教を融合させる何ものかが、その可能性が見えるということである。ロマン・ロランは実際に、そういう試みに一歩踏み出している。キリストも、仏陀も、ラーマクリシュナも、ヴィヴェーカーナンダも、同じ大洋に浮んでいる。それぞれの間に溝はない。そういう卓越した人びとの間にだけ溝がないのではなくて、それらの宗教の信者たち、一般の、普通の人びとの間にも溝がない。溝はなかったのだ。だから、手を取りあっていくのに何の不都合があろうか。

ロランはこう付け加えている。「河とともに、支流を、小さいものも、大きいものも、また大洋も——生きた神の生動する全体を抱擁するであろう」と。

その通りであろう。

「しかし」、とロランはいうのだ。「わたしはけっして立ちどまって、渚に俯《うつむ》いてはいない。波とともに、海まで歩みをつづける」と。

渚に立ちどまらないで海に歩み入る、観賞から行為がみちびかれる。さすがだと思う。砂浜を歩いてきて、渚にたどり着いて、そこで立ちどまって渚の光景に見とれてばかりいないで、そのまま大洋のなかへ歩み入る。そういうのであるが、ここでは、大洋感情のひろがりとその構造をくわしく考えてみたいので、一応、そこに立ちどまることにする。

渚という境界線に立って、波の打ち寄せる海を眺め、また、陸を振り返ってみようというのである。

渚の風景学

海と自分、自分と海のかかわり方をいくつかの視点からとらえることができる。

(1) 自分が陸にいて、ひろびろとした海を前にした場合。海の果てしないひろがりを感じ、そこに未知の世界、永遠なものに対面していることを知る。極大と極小の対照を感じとるかもしれない。

(2) 渚に立つ。海と陸の境界に立って、二元的なものをどのように受容し、それをいかに克服していくか、その方法に頭を悩ますかもしれない。世界は一つか、それとも二つか。そこにひび割れがあるのか、ないのか。自分にとって受け入れやすい見方をさぐるわけである。昔、レオ・フロベニウスがそうしたように、渚を陸と海とのたわむれの場と理解して、遊びのなかに文化の生成を読みとることもできる。

(3) 今度は海上に乗り出して、ボートにゆられながら、海とは何かを考える。海に浮ぶ、波にゆれる、自分という乗りものにゆれる。その怖れと不安のなかで、自分の在所、自分のアイデンティティーを求めようとする。

(4)　鳥になったつもりで海の上を飛ぶ。海を鳥瞰する。そこに自分のいない世界を自分で見下ろす。もちろん、身体を持ったままでは飛べない。そうすると、身体が魂になって海を見るということになるだろうか。

(5)　海中に入る。つまり泳ぐのだ。魚になって海を感じる。海との一体感、そして宇宙との一体感を感じとることができるだろうか。もちろん、予感するだけであるが。

こういうふうに自分の位置、自分の視点を変えながら海と自分とのかかわり、海の感じ、つまり「大洋感情」を追体験しようとする。

どこまでも広々としているだけの海だけれど、それが多面的に違ってあらわれる。とても、一筋縄ではとらえられない。

もう一度、渚に立って考え直してみる。

その一。渚は二つの世界、この世とあの世の交わるところだ。そこに立つと、二つの世界が一つに見える、ということについてこういう話がある。

日本庭園についての話である。たとえば京都に多い禅寺の庭を思いうかべていただきたい。庭の内側、あるいは内部には砂がしきつめられ、そのところどころに大小の石が配置されている。石の傍らに苔が陰影のように地をおおっている。しきつめられた砂に流水紋のような箒《ほうき》の跡目がついていることもある。

枯山水の庭は要約するとこういう具合だ。なかには、庭の中央に池があり、そこに蓬萊山を思わせる尖った石がすえられ、その向う側に滝があり、木立ちがあるものもある。池をめぐって小ぶりの石が並べられ、そのまわりに白砂がしきつめられている。

天竜寺庭園がこの例である。

そこで問題は、これらの庭を囲っている土塀――もちろん白壁のこともあるが――の高さが低いことなのである。塀の高さが低く、向う側の森、山、空が借景として取りこまれている。塀を境に、近景と遠景が同時に眺められる。そのように工夫されている。

このことは庭の構成する風景として面白いだけでなく、仏教的世界観の表現としても巧妙なものだ。この世とあの世、魔界と仏界が区切られながらつづいているということである。「その心浄《きよ》きにしたがって即ち仏土また浄し」などといわれるが、自分の参加に応じて、そのこころのあり方に応じて、二つの世界が一つになるということ、仏教の風景学といったらよいだろうか。

渚、あるいは境界がわれわれに投げかける最初の問いなのだ。

親鸞の海

その二。ここで親鸞と道元について触れてみたい。二人の独創的な思想家の肌あいの違いというか、自然への触れ方の違いというか、かなり微妙な問題であるが、今後の課題としたいのである。

親鸞が「海」についてしばしば触れていることは周知の通りである。流罪になって日本海に浮び、渚にただよっていたときの強い印象が身にしみたのであろうか。怖れと信頼、ささやかな自分の存在と巨大なかたまりとしての海、この二つのたがいに矛盾する感情のゆらぎ、あるいは同時存在が罪人の身に深い痕跡をのこしたのであろうか。「大宝海」といい「本願海」といい、「大智海」という。また、「大心海」といったり「群生海」、「難度海」という。「生死の苦海」ということもある。陸地、いや「この世」、われわれの生活の場に由来するもろもろが、善も悪も、浄も穢も、聖も俗も、芸術品もゴミも、すべてが海に流れ入りながら、そこで浄化されてしまう。特別な反応がおこって俗が聖に転化し、悪が善につつまれるわけではないが、大洋の無限が日常生活の有限を呑みこんでしまうのだ。転じる。変化させる。無毒化するということであろうか。

ここで性急に結論を出すことなく、もっと「二」の世界に執着しなければならないと思うけれども、しかし、やがては包まれてしまう。悩みがやすらぎに転じる。「煩悩を断ぜずして涅槃を得る」というのは、その通りだと思わないわけにはいかない。

『教行信証』の「行巻」でかれは次のように述べている。「海といふは、久遠よりこのかた凡聖《ぼんしょう》所修《しょしゅ》の雑修雑善《ぞうしゅぞうぜん》の川水を転じ、逆謗闡提恒沙無《ぎゃくほうせんだいごうじゃむ》明《みょう》の海水を転じて、本願大悲《ほんがんだいひ》智慧《ちえ》真実恒沙万徳《しんじつごうじゃまんとく》の大宝海水《たいほうかいすい》となる、これを海《かい》のごとしとたとふるなり。まことにしんぬ、経にときて煩悩のこほりとけて功徳《くどく》の水となるとのたまへるがごとし」(2)。

また、「和讃」には、きわめて端的に、

罪障功徳ノ体トナル
コホリトミヅノゴトクニテ
コホリオホキニミヅオホシ
サハリオホキニ徳オホシ

と述べている。

罪障と功徳、氷と水、障りと徳、この対比からみると、罪・氷・障りというのが人間の本質ということになるだろうか。普通に考えれば水が本質で氷がその状態ということになると思うけれども、今後の問題として考えたいものだ——白隠の「座禅和讃」を思いうかべると、「水を離れて氷なし」というところなど、本質のとらえ方がちょっと違うようでもある——。

いずれにしろ、親鸞の前に「海」という巨大なかたちが「悪」そのものであるかのように、しかも同時に、それが限りなく優しく迫っているように思われる。

道元の水

その三。ここで道元に登場してもらうことにしたい。ただし、ここでは『正法眼蔵』を詳細に検討する余裕はないから、ひとまず、およその感じを述べるにとどめたい。

その感じによると、道元は「海」といわずに「水」ということが多いのではなかろうか。海のなかに歩み入ると、つまり傍観者の立場から海そのもののなかに自分の位置を変えると、まわりは「水」ばかり。形よりも質、ひろがりよりも点、そういう傾向がありはしないだろうか。「氷」を前にして「水」を見るということである。

もちろん道元だって「海」に言及していないというのではない。

たとへば、船にのりて山なき海中にいでゝ四方《よも》をみるに、たゞまろにのみみゆ、さらに異なる相みゆることなし。しかあれど、この大海まろなるにあらず、方なるにあらず、のこれる海徳つくすべからざるなり。宮殿のごとし、瓔珞《ようらく》のごとし。たゞわがまなこのおよぶところ、しばらくまろにみゆるのみなり。(3)(「現成公案」)

道元その人が船に乗って大海に乗り出して行く様がよくわかる。海とはどういうものか。

海のかたちはどうなっているのか。道元の眼は海をたずね当てようとする。海というものはとらえ難い。そう思うと道元は魚になって泳ぎまわる。

うを水をゆくに、ゆけども水のきはなく、鳥そらをとぶに、とぶといへどもそらのきはなし。しかあれども、うをとり、いまだむかしよりみづそらをはなれず。……鳥もしそらをいづればたちまちに死す、魚もし水をいづればたちまちに死す。以水為命しりぬべし、以空為命しりぬべし。以鳥為命あり、以魚為命あり。以命為鳥なるべし、以命為魚なるべし。……しかあるを、水をきはめ、そらをきはめてのち、水そらをゆかんと擬する鳥魚あらんは、水にもそらにもみちをうべからず、ところをうべからず。このところをうれば、この行李《あんり》したがひて現成公案す。（前掲）

限りない水のなかを、いま、魚がどこまでもどこまでも泳いでいく。どこかの目的地に到着しようというのではない。水の広さ、深さ、水のかたちを明らかにしようとしているのでもない。水とともに生きる。水とともに目覚める。そのとき、魚も、水も自由なのだ。

こういう世界の消息について、道元は「海印三昧」として縦横に論じている。「包含万有《ほうがんばんゆう》」という言葉は、「海」の本質を言いあてた言葉だ、というのである。道元の解説はまたしても巧妙を極める。「包含万有」といっても、何物かが万有を包みこむというのじゃない。包含、万有だ。大海が万有を包含するというのではない。この事実を知ろうとするなら、もっと海のなかに歩み入らなくてはならない。「なにものとしれるにあらざれども、しばらく万有なり」。動いてやまない自然、その自然そのものが仏であり、祖であり、かれらの悟りの自己表現なのだ。大海がかれらの三昧をあらわしている。

現象を超え、言葉を超えて、「大海」の本質を直視してやまない道元の眼力に驚くばかりである。包含・万有という動きが、波のように迫ってくる。

二人の宗教的天才が、「海」に託して自分の世界を述べていることを理解していただけたであろうか。「海というかたち」と「水という質」と一応はいったけれども、ギリギリのところにくれば、親鸞と道元の見解にそれほどの相違があるわけではない。

ラーマクリシュナとカーリー女神

その四。ここまできたところで、ロマン・ロランの描くラーマクリシュナを素描してみよう(4)。

ラーマクリシュナの生涯をたどってみると、きわめて卓越したシャーマン、つまり神がかり宗教の中心人物である憑霊者のように見えるが、実際には、いうまでもなくヒンドゥー教の祭司である。

ヒンドゥー教は文字どおりインドとインド人の宗教である。それはインドという国土、

ヒンドゥー教の行者（ネパール）

北はヒマラヤの峰々を含み、ガンジスの流れと乾燥して赤茶けた原野を含み、インド洋の青くギラギラした海を含む広大な国土とそこに住みついた人びと、数えきれないほどの民族と言語と宗教と服装文化を含み、習俗のさまざま、生から死に至る儀礼の数々を含む人びとすべての宗教である。

特別な教義をもっているわけではないが、神への日々の祈りと供犠、数多くの聖地と聖地巡礼の習慣をもち、世俗を離れて山や森に修行する人びとがいる。ヒンドゥー教はあくまでも土着の民族宗教である。土から生れ、ひとと一体になった宗教といったらよいだろうか。その意味で高度に発達したシャーマニズムといえないこともない。

シャーマニズムが数多くの神々をもっているように、ヒンドゥー教も多神教である。ヴィシュヌ神、シヴァ神をはじめ多くの神々を礼拝するだけでなく、ときにはキリスト、マホメット、仏陀に加えて孔子、老子なども神々の列に加えられている。その意味で東西の宗教がここに落ちあい、排除することなく共存しているわけで、いわばロマン・ロランの主張が先取りされているといってもよい。

ラーマクリシュナはカーリー女神を祀る神殿の祭司であった。今日でも、カルカッタなどのカーリー神殿に行ってみるとたいへんな数の信者が参詣し、花や供物をそなえ、時には山羊を供犠して祈っている。雑踏しているといってもいい。そのなかで聖紐を肩にかけた祭司が、上半身裸体で腰に白いサロンをまき、神と信者のあいだを取りもってきわめて多忙である。大祭のときになると、花と果物と菓子を盆に山盛りにして神に供え、その前で信者の願いを取りつぐ。神と神話の世界が儀礼として、ドラマ仕立てで、そこに再現されているのである。

神々の世界が眼前に現出する。

われわれはそれをドラマと思うけれども、祭りの参加者、ヒンドゥー教信者にとっては、それは決してドラマじゃない。現実なのだ。そのとき、神は人であり、人が神なのだ。この点はシャーマニズムにおけるシャーマンの演技とてもよく似ている。神がかりの場に目のあたりに神があらわれる。

ヒンドゥー教の祭司は神像を神として扱う。黒い玄武岩のカーリー女神は生きているのだ。もちろん、祭司だって始めから神と石像とを同じものと思うことはないだろう。しかし、神に仕えているうちに、石像が生きてくるというのだ。

毎朝、カーリーが眼をさます頃、鐘が鳴り灯がともり、摘みとられた庭の花が供えられる。できるだけ蕾がよい。その日の新たな花の香りを神にささげるのだ。九時になるとカーリーの前で礼拝が始まる。正午には熱帯の酷暑をさけて神が昼寝される。神を寝床におつれするのだ。夕方になると、神はふたたびもとの座につかれ、やがて夜の礼拝がいとなまれる。灯火がゆれ、小刻みに鐘が鳴りわたる。そして夜の九時頃ともなると、カーリーは休息される。

祭司は一日中、神につきそって、神を賓客のように迎え、主人に仕えるように奉仕する。そうしているうちに石づくりの神が生きものになる。

大洋と一体になる

そうはいっても、始めから神と一体化できるわけではない。あるときは、耐えきれないほどの悩みに打ちのめされ、あるときは苦しみのあまり、自分は生涯をとおして神を見ることはできないだろうと思うこともある。狂人のように神を求め、しかも神をとらえ得ない。そういう苦悩の日々がつづいた。

そういうある日、突然、ラーマクリシュナは神に包まれたのだ。

わたしは、涯しのない、まばゆいばかりの精神の大洋をみとめた。いずれの方に眼を向けても、見渡すかぎり、この光り輝く海洋の大濤《おおなみ》が押しよせてくるのを見た。……(その波濤が)わたしをめがけて狂おしく殺到した。たちまちにして、わたしに襲いかかり、砕け散り、わたしを渦巻きの中に呑みこんだ。波にもまれて、わたしは息がつまった。わたしは意識を失い、倒れた……この一日とその翌日がいかにして過ぎたか、まったくわたしは知らない。わたしの内心には消しがたい歓喜の大海原がうねっていた。そして底の底で、わたしは聖なる母カーリーのましますことを意識した。宗教的な意味で、これがラーマクリシュナの誕生であり、同時にカーリー女神の誕生であった。ラーマクリシュナとカーリーと大洋とが恍惚のなかで一体化していたのだ。大洋感情というのは、ただ、広々として果てしもない大洋を前にしたときの感情というわけではなかった。それは目覚めの感じであり、入神の自覚だったのだ。

ラーマクリシュナが弟子たちに語ったという言葉がたいへん面白い。[5]

> わたしはすべての宗教を実践しました。インド（ヒンドゥー）教も、イスラム教も、キリスト教も。わたしはまたインド教の諸宗派の道を歩みました。……すべての宗教が、ちがった道を通って、同じ神に向うということを知りました。……あなたたちも一度はすべての信仰を実践し、それらの種々の道を通ってみなければいけません。
> ……水槽には幾つかのゴー（隔段）があります。その中の一つから、インド教徒は水瓶に水を汲み、それを水《ジャル》と呼びます。いま一つからは、回教徒が革袋に水を汲み、それを水《パニ》と呼びます。三番目から、キリスト教徒が汲み、それを水《ウォーター》と呼びます。……実体は一つです。（田中嫺玉『インドの光』一九九一年、中公文庫）

すべての宗教が同じ大洋に流れ入る。人間はその大洋のなかを泳ぐのだ。ラーマクリシュナはその経験を詩にしている。

智者の瞑想は
水また水――
上も下も、はてしない水――
人は魚のように楽しげに泳ぐ

無限の大洋よ、水に極みなく
そのなかに一つ、瓶がただよう
瓶の外も、中も水――
智者はさとる、すべてこれ至上我《パラマートマ》

ではこの瓶は何だろう?
これあるため、水は二つに、
これあるため、〝私〟を感ず
〝私〟なければ、語る口もなし

無限の大虚空に、つばさひろげて
鳥、たのしく翔ぶ――智者の瞑想。
純粋意識《チダーカシャ》の大空に、真我《アートマ》の鳥
あまかけるその歓喜《よろこび》も果てなし（ラーマクリシュナ『不滅の言葉』）

祈りと行為（儀礼）と思想からなるヒンドゥー教信仰のエッセンスともいうべきものであろうか。「海」とは何か、大洋と自分がどういう構造のなかで一体化しているか、よくわかる。ヒンドゥー教は仏教と違って、無我じゃなく大我をたてる――宇宙の絶対者ブラフマンと個我アートマンの合一――という人もいるが、大我の境界あるいは神の輪郭をことさらに意識することはないだろう。宗教の至りえた自由の世界が、ここによく表現されているように思われる。

ラーマクリシュナはカーリー女神に仕える祭司であるが、かれが深い祈りときびしい修行のすえにたどり着いた境地は、すぐれたシャーマンのそれと同じであった。

私はヒンドゥー教を低く見てこう言うのではなく、シャーマニズムを高く評価した上でこういいたいのである。天と地が継ぎ目のない一枚の布となって、そこに一匹の魚が泳いでいくのだ。水に跡を残すことなく――。

ロマン・ロランの着眼した大洋感情という言葉を導きの糸として、手短ではあったが、海とその向う側にある思想のひろがりを追ってきた。必ずしも歴史の流れにしたがうのではなく、はじめに日本仏教のなかの二人の天才、親鸞と道元の思想をふりかえり、次いでラーマクリシュナの信仰と入神のありさまを思いやった。

大洋感情、あるいは大洋そのもの、あるいは海と水は、われわれに何を伝えようとしているのだろうか。もちろん、その広さ、その深さ、その色、また大波、小波の表情だけではなかった。それらによって構成される具象的な風景というよりも、むしろ、一度はそれらを離れたところにこそホントの海が見えるのかもしれなかった。

神秘体験の多様なあらわれのなかに海の本質を読み取ったらよいのだろうか。

神人合一、梵我一如、エクスタシー、あるいは三昧——たとえば海印三昧——、これらの言葉のうちに、いや、これらの言葉の志向するところに、海の本質が見えるのであろうか。

そうであるようでもあり、そうでないようでもある。これらの言葉はとても深みのあるすばらしい言葉であるが、それにもかかわらず、それが言葉であることによって一種の袋小路、行きどまりの性質を残しているように思われる。

そこで、いや、ここまで来てしまったのだから、ここで私の海を呼び出してみたい。もう、三十年余り以前のことになってしまったが、初めて東南アジアに渡って——稲作民族文化綜合調査団の一メンバーとして——その地の稲の文化を調査しようとしていた頃のことである。

われわれは神戸からバンコクまで船に乗って行った。一万トンぐらいの貨物船だったが、客室が二つあった。白ペンキの匂う船室に眠り、またデッキの片隅に坐って海を眺めた。夏の日射しをあびながら二週間、船はひたすら走った。時速十ノットということだったから、自転車で走るのとあまり変らない。しかし、同じ速さで昼も夜も、来る日も来る日も、波を押しのけながら、休みなく海上を走ったのである。私にとっては日本を離れるのが初めての経験だったから、何もかも、思い出に残る旅だった。

玄海灘では台風とすれ違った。船は黒灰色の波にゆられた。東シナ海では大波のうねりのままに上下し、シーソーに乗ったようだった。台湾海峡は夜、光の点がトンネルの闇のなかを走るように進んだ。香港に近づいたところで蛋民《タンミン》のジャンクに行きあった。かれらの褐色の帆船は私にとって異文化のかたまりだった。ベトナム沖の南シナ海は鏡のように平らだった。夕方になるとピンクのさざ波の向う側に日が沈んだ。深い静けさが立ちこめていた。コンドル島は島というより漂流する流木のように見えた。シャム湾を北上して夜中にメナム川を遡上しはじめた。デルタ地帯を蛇行する大河を何に喩えたらよいだろうか。しどけなく脱ぎ棄てられた帯といったらよいだろうか。船は前進すると見えて後退し、右へ向うかと思うと左へ向った。夜明けに猛烈な雷雨があり、稲光が光った。船はニッパ椰子で葺いた川岸の小屋の近くをすべるように走って、とうとうバンコクに到着した。まわりから聞こえてくるタイ語のひびきが賑やかで軽快で、浮き立つようだった。

久しぶりに陸に下りたつと、からだが傾き、ゆらゆらした。からだから海が抜けていない。そこに巨大な青い海へビが横たわっている。神戸からバンコクまで、長い長い帯がくりひろげられ、いつまでも、波のようにゆれている。そんな感じだった。

二週間の海の感じ、あれはいったい何だったのだろうか。大洋感情、海の感じ、それはそれに違いないのであるが、しかも、あれは一つの認識、感じるということに限りなく近い認識だったのではないか。自分と世界を同時に認識する大切な経験だったように思う。

全身で、自分の皮膚と海の皮膚をかさねあわせながら、同調し、感覚し、思考する。海の宗教と海の思想がそこから生れてくるに違いないと思った。

時速数百キロから千キロ近くの速さで矢のように、空中に突きささったキリのように飛んでいく飛行機と違って、大洋のさまざまな部分を自分の身体で滑《すべ》る。なめらかに滑り、小刻みにふるえる。そのように航行する船旅は、ものを考えるに適しているように思われた。

海から森へ

私は数年ののち、今度はボルネオ内陸のカヤン族の村にいた。ラジャン川中流の町カピットから二日がかりで、急流、激流を乗り切ってたどり着いた村であった。しかし、いろいろの点でくい違いがあり、予定した調査はうまくいかなかった。それでも二週間ばかり泊っていただろうか。その間、私は昼食のインスタント・ラーメンを食べ終ったあとで、いつも、ロング・ハウスの裏手の森に出かけて休息することにしていた。疲れていないのに休息するというのだから、あれは一種の逃避あるいは瞑想だったのだろうか。森のなかに坐って一時間あまり、眼をあけたり、閉じたりしながら自分のこころを静かに保とうとしていた。ところが、毎日毎日そうしているうちに森のその場所が好きになってしまった。森は一様に淡い緑の透明なカーテンにつつまれていた。大きい、木蓮の葉のような、しかし、すこし木蓮とは違う形の葉が重なり合いながら陽光をうけて透けていた。ときどき、黒い鳥が音もなく通りすぎた。カラスではない。もっと翼《つばさ》の広い、大きい鳥。黒いハンカチがひらひらしながら緑の大気に浮び、森を横切っていく。そんな感じだった。私はそこに腰をおろして、見るともなく、しかし、引きよせられるようにそれを見ていた。ボルネオの森だからといって不安や怖れがあったわけではない。そうかといって、深いやすらぎの状態には至りえないで、自分という存在が森の緑の大気のなかに浮んでいるような不思議な感じに包まれていた。海の底のような場所といったらよいだろうか。そのなかを縦横、ななめに飛び交う黒鳥。その鳥は森という生きもののなかの瞬く眼のようであった。ふと、そのとき思い出したのは村長の家の板壁に描かれた絵であった。全面に纏繞《てんじょう》植物のような、大柄の唐草模様のような力強い文様がえがかれ、画面のそこここに数多くの眼の文様がはめこまれていたのである。その画面が眼の前の森と鳥の風景と重なったかと思うと、私もまた画中の人となっていた。私の眼が文様の眼になり、同時に森のなかの鳥の眼になった。

眼が外に開かれ、また、内に開かれる。

それを幻想というのか、瞑想というのか、知らない。いずれにしろ、私という存在、そのかたちはそこになかったのだから。

海と私が近づく
海の皮膚と私の皮膚がかさなる
海の深層と私の深層が交換する

海の本質と私のアーラヤ識が一つになる
そうかもしれないが、そうでもない
もともと名前のないものが
ゆらぎ、たゆたい、波立って
眼となり、耳となり、鼻となり、口となる
どれもこれも渦巻の中心だ

そこに宗教の発端があるのではないか

もっとも――
発端はすでに終末を含んでいる
いや、終末がそのまま発端なのだけれども

註

（1）『ロマン・ロラン全集⒂　ラーマクリシュナの生涯』宮本正清訳（一九八〇年、みすず書房）。

（2）親鸞『教行信証』（岩波文庫）。
（3）道元『正法眼蔵』（岩波文庫）。
（4）『ロマン・ロラン全集⒂　ラーマクリシュナの生涯』宮本正清訳（一九八〇年、みすず書房）。
（5）ラーマクリシュナ『不滅の言葉』田中嫺玉、奈良康明訳（中公文庫）、田中嫺玉『インドの光——聖ラーマクリシュナの生涯』（中公文庫）。

魂のトポロジー――魂の交流する空間――

ボルネオのサバ州スンスロン地方に住むドゥスン族は自分たちの住む世界をこう考えている。

天と地とそのあいだ

宇宙は巨大なココナットの実のような形をしている。人間はその内側のドームに住んでいて、地表は古いココナットの殻が崩れて盛りあがってできたところだ。それは人間が誕生する以前からあった。宇宙の限界は nEpEsutAuAn といって大きい穴だ。その穴から未知の空間が見えるのだ。ドゥスン族の生活の場である地表には縁があり、太陽、月、星がそこを廻っている。ココナット宇宙のドームと地表の平らな面のあいだを gesAmuenAgEn と呼び、そこであらゆる現象がおきているのだ(1)。

ドゥスン族が語ったというこの話は神話ないし伝説である。いわゆる、事実ではない。しかし、われわれはこの話をめぐって二つの点を指摘しておきたい。

その一は、かれらにおける宇宙、そして宇宙観は、かれらのいうところと違って、民族生活より前ではなくて、後にできたものだ。事実はそうであるし、歴史的にもそうに違いない。しかし、ドゥスン族はそれを逆に考えている。かれらは、ある姿の前にあるべき姿を考えている。しかし、われわれはある姿ののちにあるべき姿を考える。そうとしか考えられない。神話的思考の能力を失っているのだ。

この逆転、ドゥスン族と現代人における考え方の方向性の相違が、かれらのような民族の世界を見るわれわれの眼を曇らせることになる。われわれはわれわれの――達成した――文化を基準にかれらの文化を論じようとする。しかし、かれらはかれらの現在を神話の事実、あるいは宇宙の真実から見ようとしている。

――ここのところをわれわれふうに短絡していえば、現在を足場として過去を照明しようとする柳田学の方法と、一挙に古代のさなかに身を置いて、古代から現代に照明をあてようとする折口学の方法の相違ということになるのではなかろうか[2]。柳田学の方法では神に手が届かない。折口学の方法によって直観的にとらえられた神は、それが神であることを証明できない。

それならどうしたらよいのか。研究者の好みにまかせるというわけにもいかないだろう。しかし、ここではとりあえず問題を指摘するにとどめたい。

その二は、――その一から派生する問題であるが、ドゥスン族の生活の場は、天と地とそのあいだである、ということである。かれらにとって、天も、地も、そのあいだも、かけがえのない、不可欠の生活舞台を構成するものだということである。われわれの生活の場は地表であって、天と地はそのまわりの、それぞれの方向における境界線あるいは界面にしかすぎない。現代人にとって、空は稀薄な、あってもなくてもよい、あるいはあるにきまっている存在であったし、地は眼に見えない、暗黒としかいいようのない存在であった。最近は宇宙飛行士が天の側から地表を見おろすようになり、大気の状況が地表の生活に甚大な影響をおよぼすことがわかってきたが、それまでは空といえば透明な空気の層であり、空白であったといってもよいだろう。われわれは空の固有の意味を見失っていたのである。

それは絵でいえばバック、背景、空気であって、主題となる絵のモチーフを描き終えてから、空色なり、灰色なり、黄土色なりで塗りつぶしておけばよい空間だった。主ではなく、従の空間だった。ドゥスン族は、「いや、そうではない。天と地こそ、薄っぺらな地表にもましてリアリティー豊かなところだ」といっているのである。余白の意味を強調する東洋画に似たところがある。現代人は、あるいは現代文明は、天と地の意味を忘れ、それを切り捨てようとしてきたのである。あるいは、すでに切り捨ててしまった。だからドゥスン族における宇宙の比喩が奇妙に思われるのである。

天はココナットの殻のようにぶあつく、地は刻まれた河谷にあらわれている地層のように深い。人間の住んでいるところは、そのあいだなのである。それだけにリアリティーは薄いといわなければならない。絵にたとえれば天は額縁、地はキャンバスである。キャンバスの上の絵具のかたちとその厚みが人間の生活とその場にあたるわけである。

天地の意味、その確かさをこういうふうに考えないと、凧あげによって雨神を天に送り、竜船競漕によって竜神の去来を送迎するというような習俗は、たよりない空想の所産になってしまう。そして、ハンギング・ガーデンなどといった天上から吊りさげられた庭園の支点、あるいは支柱はどうなっているのか。まさか、雲のなかから吊りさげられた庭でもあるまいし、ということになる。

ドゥスン族のような伝統的生活者における観念のしぶとさ、あるいは「その通り」といって自らの宇宙の全体をうけ入れる全体直観の鋭さ、かれらにおける眼力のたしかさを考え直さなければならないと思うのである。現代人にはそれにたいして「その通り」といって受容すべき「全体」が失われているのである。

魂の住むところ

伝統社会における通過儀礼の諸相——誕生、成人、結婚、死などをめぐる諸行事——を見ていると、民族ごとの相違はあるけれども、その場における主題がいずれも魂にかかわるものであり、魂の去来に結びついたものであることが知られる。

かつて私が調査した東北タイ南部に住むクメール族の村——プルアン村——の場合には、成人式と葬式のさいにそのことがもっともよく表現されていた。それらの詳細については別の報告にゆずるが、たとえば成人式におけるクライマックスは二つあり、その一は、水上に用意された仮小屋のなかで産髪《うぶがみ》（生れたときのままで残しておいた前髪、クメール語ではソという）を剃り落す式であり、その二は、前者とは別に村のなかにつくられた仮小屋のなかで、その少年あるいは少女に魂を吹き込む儀式であった。親族が手に手に火のついたロウソクを持ち、それを束ねてアチャール（祭司）が若者の頭上にかかげてから、フッとその火を吹き消す。ロウソクの炎が吹き消されると同時に、祖先たちの魂が若者にとりこまれたというのである。魂が授受された。若者の頭のなかに祖先の魂が宿ることによって、若者は一人前の村びとになったと考えるわけである。魂は外部からやってきたのである。

結婚式のときにも祖先があらわれて新郎新婦を祝福し、その前で一本足の踊りを踊るが、これについても省略する。(3)

それでは死に臨んで魂はどうなるだろうか。

この問題については私はプルアン村のなかから、無作為に、二十一人をえらんで尋ねたことがあるが、その結果は次の通りであった[4]。

人間はいつかは死ぬ。しかし、魂は死なない。魂の不死を信じないものは二十一人中六人であった。六人のうち二人は華僑で、考え方を異にするから、クメールの村びとでありながら魂のゆくえに関心のないものは四人ということになる。他の大部分の人びとは、魂は人の死後その肉体をぬけ出して他界に行くと信じている。どこに他界があるかは不明。しかし、そこが魂の棲《す》み処《か》なのだ。もっとも前述の四人はこういう考え方を信じないし、さらに他の二人は半信半疑だと答えた。そんなことはフィクションだといっても、そのフィクションが大多数の村びとのこころを強くひきつけていたのである。

魂は不死である。それは他界に生きのび、やがて再びこの地上に戻って再生する。村びとから見れば祖先の魂が子孫の体内に宿るのである。成人式における「魂入れ」儀式はこのことの宗教的表現なのである。そこで村びとはこういう。生れ変わってくるなら再びクメール族の、このプルアン村の村びとになりたい、と。

こういうわけで、魂は天地のあいだを去来し、天に住むかと思うと人間の体内に宿るという二様のかたちをとることになっていた。

同じことを東南アジアの他の民族の事例をまじえて補足しておく。もっとも、事例はほとんど無数であるから、ここでは私が見聞したものにかぎって述べる。

(1)　ボルネオのムルット族は——といってスンスロン村ではないが——人が死ぬとその人の魂は肉体を棄ててキナバル山にのぼる。キナバル山は花崗岩質の高山で山頂は雪のように見える。そこが魂の住むところである。魂はそこに住んでから、時を得て山を下り、山麓の野に赤い花となって咲く。その花を摘んで食べた女性が、花の、したがって祖先の魂をえて妊娠し、出産する。魂がこの世とあの世のあいだを往復するわけである。そんなことは信じられないといっても、他界の山はそこにそびえて、いかにも他界らしく白く輝いているし、山麓に咲く赤い花も季節には必ず咲く。魂のストーリーの要素はたしかに眼に見えているのである。そこここに目じるしがあるからには、道がずっと続いていることに間違いないであろう。

(2)　マレー半島中部のタヒック・ベラ（ベラ湖）のほとりに住むスムライ族は死者の亡きがらを舟材でつくった棺に入れて埋める。そのとき、足を西方に向け、手の近くに一包みの米とランプを置く。死者の魂は、やがて、立ちあがり、手にランプと食糧の米を下げて、足の向いたところ、つまり、西へ西へと歩きはじめる。その歩みの到達点がスルガという他界の山なのである。死者の魂はスルガで生きのび、やがて再びもとの村に帰ってきて再生する(5)。

この話もフィクションには違いないが、死者の足が西方に向いていること、他界への道中を照らすランプと食糧が用意されていることは事実なのである。スムライ族がそういう道具立てによって、自らのドラマに現実感をあたえているのである。

(3) クメール族の場合には村ごとに社《やしろ》があって年に二回の祭りがあり、そのとき、祖先の神が村に戻ってくる。村に降臨して、依り代——木偶、バナナの若木など——のなかに依りまし、村びとの供えたごちそうを食べ、願いを聞き、いっときして再びあの世に帰っていく。

この神はドン・ターないしニア・ターと呼ばれ、細部を省略して単純化していえば、おじいさん・おばあさんなのである。あの世のおじいさん・おばあさんがすなわち祖先神なのである。

村びとの祖先があの世とこの世のあいだを去来する。そのことを確かめるかのように社を建て、祭りを行っている。そうすると逆に、季節ごとの祭りを盛大に、こころをこめて行うのであるから、祖先神がいないなどということはありえない、祖先神はたしかにいる、ということになる。眼に見えない事実とそれを取りこんだドラマ（祭り）とは、裏腹の関係にある。一方がたしかなら他方もたしかである。

伝統社会の人びとにとって、ひとは魂をもった存在であった。死ねば朽ちてしまう身体と、死んでも朽ちない魂をもっていた。有限なからだが永遠の魂を宿していた。この二重構造は、かれらにおける宇宙の構造と相似であった。相似であったから、たがいに他を補強しあったのである。

稲が魂をもつ

森羅万象のなかで、人間を除くと稲だけが魂をもっているということは、たいへん興味ぶかい、ある意味で不思議なことである。

タイ語では魂をクワンといい、クワン・コン（人の魂）、クワン・カオ（稲の魂）という。もっとも、舟にも魂があり、家の大黒柱にも魂が宿るというから、人間のいのちを中心に、その周辺に魂をもつ存在がひろがっているのかもしれない。しかし、この点は別に考えることにする。

クメール族では魂をプルンという。プルン・マヌといえば人の魂、プルン・スラオといえば稲の魂で、この場合も魂を持つものは人と稲に限られている。

マレー族の場合も同様で、魂、つまりスマンガットを持つものは人と稲なのである。スマンガット・オラン（人の魂）、スマンガット・パディー（稲の魂）である。

魂（クワン、プルン、スマンガット）と精霊、つまりタイ族のピー、クメール族のカモーイ、マレー族のハントゥーの使いわけについて仔細に検討すると、多少ともあいまいで境界的な領域が見えてくる。それについては前にちょっと触れたが、ここでは植物である稲が、他の植物と区別されてどうして魂を持つ存在になったのかということが問題である[6]。

ここで問題の輪郭について注記しておく。

(1) 稲が魂をもつことの問題性を最初に指摘したのはイジコヴィッツで、かれはインド東部でこの観念が生れ、それが稲作の拡大とともに東南アジア各地にひろまったと推定した[7]。しかし、なぜ、稲が魂をもつようになったかはわからないといっている。未調査というわけである。

(2) 私にとってもこれは問題であるからおりにふれて注意してきた。そうするとイスラーム教圏のカシミールはもとより、仏教、ヒンドゥー教圏のスリランカ、ネパール、ブータンでも稲は魂をもたない。稲をめぐる宗教儀礼はやっているし、初穂を神仏に供えることはあっても、稲そのもの、あるいは稲のモミに魂が宿っているわけではないというのである。したがって、スリランカ中部でさかんに行われている稲の儀礼は、稲作を阻害する〈悪霊〉払いの要素が強い。悪霊をおびきよせてそれを地中に封じこめるのである[8]。この点は、タイの稲作儀礼にも残っていて、初穂に宿る神に供物を供えるときは、同時に精霊としての土地神にも供物を供えている。

(3)　精霊（スピリット）と魂（ソウル）の関係が稲にどうあらわれているかという問題は、今後の調査に待たなければならない。別稿で触れたのでくりかえさないが、稲栽培の古い型を伝えるようなところ、たとえば陸稲をつくり、モチ稲だけを栽培しているようなところでは、稲の神にたいして精霊《スピリット》系の言葉を使い、稲の栽培法の進展とそれを支える民族文化の発達につれて、魂系《ソウル》の言葉を使うようになると思われるのである。北部タイではクワン・カオの代りにピー・カオということがあるし、ボルネオのケンヤー族、カヤン族ではスマンガット・パディーの代りにバリ・パライという精霊系の言葉が使われることがある。この点、つまり言葉の置きかわり現象については今後とも詳細な比較研究が必要と思われる。

(4)　そこで稲作農業の中心部、東南アジアと日本では稲に人間なみの魂がみとめられているが、その周辺部では魂の存在は稲にまで及んでいないということになる。そこでは、稲が人間と肩をならべるほど文化の中枢部に位置づけられていないということであろう。

稲魂のまつり

以上(1)―(4)の状況を念頭においた上で、稲が魂をもつにいたった道すじを推理してみたいのである。この場合も、私の見聞にかぎって述べる。

(1) タイ・ビルマ(ミャンマー)国境付近に住むタイ・ヤーイ族の村にいて、かれらの収穫儀礼の一部始終をずっと見ていたが、ただ今の問題に関連する要点は次のとおりである。

稲刈りの始めに刈りとった初穂を——そのなかに稲魂が宿ると考えている——竹竿にくくりつけて空高くかかげ、同時にそこに供物をくくりつけ、また、竹竿の根もとにも供物を置いて土地神に供える。そのあとで稲刈り、脱穀作業がつづけられる。脱穀がすむと、稲魂のひそむ稲をていねいに、地面に叩きつけたりしないで脱粒し、そのモミ(種モミ)を竹籠に入れて米倉に運ぶ。やがて米倉のなかにモミを収納し、それがうずたかく積みあげられると、モミ山の上に稲魂の竹籠を置く。稲魂は米倉のなかで静かに、さわがしい音に驚かされるようなことなく、扉を開けるときにも十分な注意を払われて、やすらかに時をすごす。そして次の稲作作業が始まり、モミまきの時がくると、他のモミとまぜて——稲魂だけでは量が不足するから——苗代にまかれる。それから後は、稲魂は水田に出て、稲の成長を見守り、稲刈りのときを迎える。

ここで注目される点は、水田にいて稲を守り、刈り入れにさいして特別に扱われ、空高くかかげられ、供物をいただいた稲魂が、今度は農家の米倉に運ばれ、ていねいに取り扱

クメール族の悪霊よけ

われていることである。稲魂は、稲魂と呼ばれる神は、人間の手によってていねいに守られ、行き届いた管理のもとに、水田と米倉のあいだを往復していることである。自分で往復しているわけではない、人間が運んでいるのである。稲魂はしばしば不機嫌になり、農民の取り扱いが悪いと逃げ出してしまうから、丁重に扱わなければならない。

野生稲の生き方が、ここでは、栽培稲として擬人化されて文化のなかの生き方に変ったのである。人は魂をもつのだから、人間と同格の稲も魂をもつのは当然である。

(2) クメール族のプルアン村に滞在していたとき、米倉の祭りに加わったことがある。稲刈り、脱穀はすでに終り、米倉の中にはモミがうずたかく積まれていた(9)。

その米倉に入り、モミ山の上にしゃがんで祭りを行うのである。この祭りの中心モチーフは、一つには稲魂のご苦労に感謝し、酒と供物をそなえてお招きすることであり、二つには、次の稲作作業が始まるまでのしばらくの間、米倉にとどまって他所へ出ていってしまわれないようにお願いすることである。そして三つには、これが大切なのであるが、米倉のなかのモミが朝ごとに一杯、二杯と取り出されたら——食糧として——稲魂さまとしてはそれを三杯、四杯として倍返しにして戻しておいてください、稲魂さまはその力、生産力をお持ちなのですからとお願いすることなのである。

米倉のなかでアチャール（祭司）とその家の農夫といっしょに、モミ山の上に身体を寄せあって祭りの次第を見守っていた私は、この言葉を聞いてずいぶん虫のいい願いだと思った。農民のエゴ丸出しではないかと思った。しかし、その後、時がたってからよく考えてみると、米倉のなかに無尽蔵の米が収められている、それが一年間の労働の結果には相違ないけれども、現に、いま、自分たちが米倉に満ちあふれるほどのモミ山の上に坐っていることは事実なのである。よくよく、また、仔細に稲作の順序を追って考えれば考えるほど、只今の事実は不思議な事実なのである。神業《かみわざ》としかいいようがないかもしれない。その神業のなかに参与して考えれば、農民はこれからも神業としての稲魂の生産力に期待し、その現実化を言語的に表現しただけなのである。エリアーデならば神の時代を再現するとでもいうだろうか。

その上で考えるのであるが、ひとと共に無尽蔵の世界に触れたモミは、ふつうの植物の実ではなくて、魂をもった存在であるとみとめなければならない。無尽蔵に触れたものはそれ自身が無尽蔵だからである。

(3) ここでもう一つ付言しておきたいのは、村祠の祭りの場における稲魂の性質についてである。

祭りにさいしてはドン・ター、あるいはニア・ター、つまり、おじいさん・おばあさんと呼ばれる祖先神が降臨して、社の奥に立てられた二柱の依り代のなかに依りつかれる。

このとき、根ごと掘りおこしたバナナの若木（二本）も依り代として木偶のうしろに立てかけられているから、祖先神はこのバナナの若木にも依りつかれる。宗教儀礼の特徴は反復とくりかえしだから、この場合も依り代が二重になっているのだろう。

祭司が祖先神を招く。しかし、社に招かれて村びとの饗応をうけるのは祖先神だけではない。稲の神ニアン・プラプイ・スラオも招かれるし、土地神メー・トーラナイも招かれる。ただし、社のなかに稲の神、土地神の依り代はない。依り代はないが、祭司が神を呼ぶ唱え言《ごと》のなかでは、たしかに三柱（祖先と稲と土地）の神が呼ばれている。そのことを祭司に尋ねたところ、三柱はここで同じ依り代のなかに依りつくということであった。三柱の神が合体して一柱の神になるということである。

稲魂についていえば、このとき稲魂は稲の女神として祀られたのである。稲が擬人化されただけでなく、擬神化された。稲魂が稲として眼に見える姿をとる状況から、今度は稲の神として、その姿を隠して、社の中で祖先神、土地神と合体しているのである。稲という植物が人間のように魂をもつ存在になり、さらに神として祀られることになる。こういう変化、地位の上昇過程がたどられるのである。

要約していえば、稲が魂をもっているのは人間の側の単なる思いつきでも、何とはなしに、誤って、そう呼んでしまったというようなことでもなく、時間をかけて、よくよく考えた末に、稲も魂をもった存在だということを認識したのである。発見した、認知した、そして命名したといってもよい。

人間における生死の輪廻、現世と他界の往来という生命の姿と、稲における生と死、および稲魂の去来とは、たがいに相似形をえがいている。その運動、その行為をうながすもの、あるいはそういう動きを含む力の場が——それが人であっても、稲であっても——魂なのである。

プルアン村の魂ふり行事

子どもが遊んでいるうちに、転んだりして、自分の魂を落してしまうことがある。驚いたり、おびえたりした時にも同じことがおこる。そういうときには、もう一度その場所に戻って、マブイグミ（魂込め）の呪法をしてもらう。マブイは魂である。こういう話が沖縄でよく聞かれる。

折口信夫のいう遊離魂という思想の背景となっている習俗の一つであろう。(10) 魂がからだを離れ、また、そのからだに戻ってくる。タイ、ラオス、カンボジアにも同類の習俗があって、よく知られている。自分のからだから出ていった魂を呼び戻し、二度と出ていかないようにしっかりと魂をつなぎとめる。これらの場合には同じ魂が同じからだから出入りする。魂がからだに閉じこめられていない。自由度が高いということである。しかし、異種の魂が交わる、異なった個体のあいだを魂が往来するという信仰と習俗もある。

ボルネオのイバン族はこういっている。

ひとが死ぬと、魂は身体をぬけだして三カ月のあいだ付近の町や村をさまよう。その間に知人を訪ねたり、映画を見たりするのだ。その後、空にのぼって雲のなかにひそんでいる。雲は山にかかってたなびくが、そういうところは焼畑の適地で、陸稲が植えられていることが多い。雲のなかの魂は、やがて、稲のなかに入りこんで稲魂となる。人の魂が稲の魂に変身するわけである。その後、稲刈り、運搬、脱穀の作業をへて、稲魂は屋根裏部屋の大籠のなかにおさまる。このモミが米になり、家族に食べられるのであるが、稲魂はこの段階でもう一度変身して人の魂になる(11)。

魂は人間と稲のあいだを、種をこえて、自由に交流し、輪廻しているのである。だから、要約していえば人間の魂(スマンガット・ミンシァ)は稲の魂(スマンガット・パディー)なのである。

もう一つ、個体をこえて流通し、転移する魂の例をしめす。クメール族の伝統行事である魂ふりについてである。

この行事（チョール・メー・モット）は今のカレンダーで二月下旬から三月上旬にかけて行われるきわめて古風なものである。当時、私はクメール族（ただし、領域としてはタイ領に住んでいる）のプルアン村に滞在していたので、幸いにもこの行事を見る機会をえたが、村の老人の話では今日までこういう古い行事を伝えているところはきわめて稀だということであった[12]。

村びとにとってこの時期は農閑期で、稲刈り、脱穀はすべて終り、村祠の祭り、米倉の祭り（わが国の秋祭りにあたる）がすみ、楽しく、にぎやかな行事のつづく正月（四月一日から三十日まで）を目前にひかえた時期である。正月には山入り行事、水かけ行事をはじめ、球投げ、綱引き、歌垣などの行事がつづき、それらがすべて終って五月下旬にもう一度、村祠の祭り（日本の春祭りにあたる）がある。これは新たな稲作作業をひかえて、その年の豊作を祈願する予祝の意味をこめた祭りである。

こういうカレンダーのなかの位置づけからみても、魂ふり行事は年の終りの行事で、旧年を送り、新年を迎えるために身も心も新しくよみがえることを祈願する。魂の蘇生を目ざす行事なのである。

朝からドンドンと鳴りひびく太鼓の音をきき、あれは村びとにとってたいへん大事な行事なのだという話をきいて、その場に出かけていった。そして、四、五時間、その場に立ちつくして見ていたのだが、その時は、いわれるほど大事な行事だとは気づかなかった。スケッチし、ノートを取ることで精一杯だった。ところが、帰国して日がたつにつれて、行事のもつ意味の重大さに気づき、たいへんなものを見たという思いに自ら興奮するような次第なのである。人間理解のためのきわめて重要な切り口がここにある。そういう気持なのである。

以下、行事の大要を述べてみたい。

行事の場所は村のなかの空地に臨時に建てられた仮小屋のなかである。すでに数多くの村びとが仮小屋をとりかこんで、これからそこでおこるはずの出来事に注意を集中しようとしていた。

仮小屋のなかには女たちが五、六人ならんで蓆《むしろ》に坐っていた。それぞれに枕が置いてあった。布団、あるいは蓆と枕、これが宗教儀礼にとって不可欠の道具だてであった。

女たちは白米をいれ、縁にロウソクを立てたアルミの碗をクルックルッと回転させながら、精神を集中させようとしているようであった。もう一つ、集中しない。もうすこし、もうすこしと自分自身の内部にむかってこころを凝集させていく。その頃合をみて、楽士のなかの一人――他の人は太鼓、笛、一種のギターを持っているのに、この人だけ楽器を持っていない――が、エーイ　ヤッと掛け声をかける。二度、三度、気合いをかけたすえに、最後に、その声に同調するかのように魂が女の身体にとりこまれた。神がかったのである。

女は、籠のなかにあらかじめ用意された家族の衣装のなかから、入魂したその人の衣裳をとりだして身につけ、帽子をかぶり、立ちあがって踊りはじめた。踊りというより舞いといった方がよいかもしれない。手をあげ、腕を水平にのばし、廻って、その人らしいしぐさをした。

私の見ている前で、夫の魂がとりこまれて舞う主婦がいたが、その一人は夫の好物の酒を、立ったままで浴びるように飲み、もう一人は家から小銃をとりよせて空に向けてズドンと発砲した。夫は猟師だったのである。

このようにして主婦、あるいは娘が次々に立ちあがって神がかりの舞いを舞い、終ると次の人と交替した。朝から夕刻まで、ドーン　ドーンという太鼓の音が村のなかでひびいたのである。

これがプルアン村の魂ふり行事であった。

苦労と心配の多かった稲作の一年、危険と隣りあわせだった狩猟——今は鳥獣を射つのだが、昔は象狩りが大切だった——の一年、その一年のあいだに疲れ果てた人の魂を招き、それを身につけて舞い遊ぶ。この行事によって夫や親族の魂の力を回復させようとしたのである。新しい年を迎える準備だったといってもよい。

魂に切れ目はない

この行事を魂の側から見ると、夫（あるいは親族）の疲れた魂が妻（あるいは娘）の身体にとり込まれて、遊び、舞い、楽しんで生き生きとよみがえり、その上で再びもとの身体に戻るという経過をたどることになる。そのさい、魂を招く、魂をとりこむという行為の意味するものが問題で、それを、(1) 夫の魂と妻の魂が合体して一つになると解釈したらよいのか、(2) 夫の魂が一時的に妻の身体を借りる。したがってそのとき妻は夫と自分と二つの魂を持つと考えればよいのか、あるいは、(3) 妻の魂が一時的に変身して夫の魂になってしまう、妻が夫になって舞うと解釈すべきか、という三つの考え方から一つを選ばなければならないわけである。

合体説か、併存説か、変身説かということであるが、実質的には(1)と(3)は同じと見てよい。その上で、私はこの見方に立つものである。その理由づけの一つとして、結婚式のさいのクライマックスとして、新郎、新婦の手首を木綿糸で結びながら、祭司が「これで二人の魂は一つになった」と述べることを指摘しておきたい。

また、クメール族の村びとが、おじいさん・おばあさん（ドン・ター、またはニア・

ター）といって、現実の祖父母を指すだけでなく、死んでしまった祖父母、つまり祖霊あるいは祖父母の魂を指している。魂の呼び名が、その人の生死をこえて連続していることも参考になるであろう。

ここでは、魂は個体の生死をこえ、種の違いをこえ、人と人、人と稲のあいだを転移するものだということを指摘しておきたい。ただし、魂だけの存在になった死者、あるいは魂があって身体の見えない人にたいしては、魂の代りに神といった方がよいかもしれない。

私の観察によれば、魂は文化の空間のなかで多少とも生身のからだを引きずりながら行動するが、神は文化から遠く離れたスクリーンの上で、影絵のように演技するように思われる。それだけ抽象的で、同時に普遍性をもっているといったらよいだろうか。ただし、この点は仮説である。

人と稲における魂の転移という問題からさらにすすんで、稲以外のもの——生物、無生物をふくめて——とのあいだに魂は転移しないのかという問題がある。これについて詳論の余裕はないが、見通しとしては、魂は万物、万象のなかをひろく転移するといわなければならない。

たとえば北部タイでは——さきに魂をもっているのは人と稲だけといったけれども——刳《く》り舟《ぶね》や、牛、水牛にも魂があるという人がいる。新しくつくった弩《いしゆみ》に鶏の血をぬったり、スキの取手部分に木彫りの鳥をつけたりするのは、それらの道具が魂あるもののごとく働いてくれることを期待しているのである。また、イバン族その他の話で、人は死後、へビになったり虫になったりするというのは、魂の転移の表現なのである。

それにもう一つ、諸民族の精霊に大別して二種あり、その一がピー（タイ族）、カモーイ（クメール族）、ハントゥー（マレー族）などのスピリットで、その二がクワン（タイ）、プルン（クメール）、スマンガット（マレー）などのソウルだといい、精霊より霊魂（魂）の方がより進んだ、あるいは人間的な観念であるように述べたが、観念ないし呼び名の普遍性からすれば、スピリットの方がソウルより広く適用されている。ありとあらゆるものが、ソウルはもたないにしてもスピリットをもつ。生きものだけでなく、石にも、山にも、水にも、川にもスピリットがあるという。ソウルはそれらのスピリットのなかから、ぬきんでて発達したものである。人間のつくった文化が滲透しているのである。文化の呼び名になっている。

スピリットは海で、ソウルはそのなかに浮んだ大小の島である。海がもとで、不動で、永遠なのであるが、島は浮き沈みし、動揺し、ひとときの存在である。ソウルの根っこはスピリットである。スピリットから一方ではソウルが誕生し、他方ではゴースト（化けもの）が生れたとするのである。

ケンヤー族の米倉

クメール族の祖先のカミの形代

しかし、ここでは右のような解釈を内に含めたうえで、言葉としては魂を用いて話をすすめていきたい。

要約すれば、魂という存在は、もともと、たがいに融通するものであり、魂と魂のあいだに切れ目のないものなのであった。

魂の風景を描く

ドゥスン族の宇宙から出発して、ここまで書いてくると、われわれの思考は再びそこに戻っていかないわけにはいかない。フィクションとしての説話——今日ふうに考えて——から出発して、そのリアリティー、つまり描かれた宇宙が——その画ではなくてその存在が——ホントであったことを明らかにしたいのである。

二点について、その大筋をのべる。
(1) 魂の動きを追ってここまできたからには、どうしたってそこで魂の動く場面を考えなければならない。つまり、画用紙のような画面でなく、魂の出没し去来することのできる風景を考えなければならない。魂を除外した抽象的な空間を想定するのではなく、魂を含む、動的で具体的な風景を見いださなければいけないのである。
私は年来、魂の風景——それを原風景、つまり、主として幼時体験のなかで刻みこまれた忘れえぬ風景といってきたのであるが——を尋ねあてようと試みてきたが、ここで、その風景の構造について述べなければならない[13]。

そのなかに魂の宿っている風景の構造をつくりあげる、描く、といってもよい。

最初に考えたのはこういうことであった。

原風景は近景と遠景からなりたち、この二つの画面がそのときその場の感動、あるいはおどろき、怖れ、不思議などの強い感情によって接合されている。チョウやトンボが飛び、メダカが泳ぐ小川のある近景、そこで子どもたちが遊んでいる近景と、森があり山脈がつらなり空に雲がとんでいる遠景とが、子どものおりおりの体験——魂のゆらぎ——のなかで一体化されて、忘れがたい一枚の絵になっている。それを原風景と呼んだのである。ただし、子どもの原風景は大人になっても持ちつづけているから——そういう場合も少なくないから——そういう風景を胸に秘めているという点では年齢にかかわらない。幼時の体験を追体験するごとに原風景がよみがえり、より確かなものに成熟するのである。

ところが、原風景の構図は、換言すれば絵（パターン）と余白（スクリーン）からなりたっているといってもよい。画面にリンゴが描かれている。そこにリンゴを描く画家の技術が抜群ならば、その人の感動と技巧によって絵（リンゴ）と余白（キャンバス）とは一体化して見える。魂あるもののごとく見える。この構造は原風景の構造と同じである。

そこでさらに次のように考えをすすめることができるであろう。

われわれは「海のなかの島」――精霊のなかの霊魂――が魂の構図だといったが、これがやはり原風景の構図と同じなのである。海（自然）のなかの島（人と稲）は、海という遠景のなかに島という近景がすっぽりと入りこんで、一枚の絵として一体化しているのである。遠景と近景とがそれぞれ一枚ではなくて、あわせて一枚になっている。それでは何によって、二枚が一枚になったのか――。それは「描く」ことによってである。

この点については、人が魂をもち、稲が魂をもつことを解説した項を思いだしていただきたい。

人が誕生し、成人するとき、その魂は空から、あの世から、他界からやってきた。ひとが死ぬと魂は他界へ戻った。しかし、他界に留まることなく、また、ふるさとへ戻ってきた。他界がもとで、現世はひとときの場所だった。

稲作のリズムは自然、あるいは季節のリズムと同調し、その折りめ折りめの儀礼にあたって自分と自然との結び目をつくった。そのうち、特に米倉の祭りにおいて、稲はその場に参加した人とともに、積みあげられたモミ山の無尽蔵の世界に触れた。それが稲に魂が宿っていることの根拠なのであった。

魂をもった人も、魂をもった稲も、それらが魂をもつということは、それらが無限のひろがりをもった天地、無尽蔵のたべもの、そして永遠のいのちという遠景のなかにたしかに位置づけられているということである。無限という名の額縁、あるいはスクリーン、あるいはキャンバス、あるいは「地」に裏付けられて、その上に人と稲が描きこまれている。人と稲が魂をもつというのはこういうことなのである。

(2)　そうすると、最後に、一つだけ問題がのこる。

それは誰がそういう絵を描いたのか、そのようにして描かれた絵は、結局は、絵そらごとではないのか、ということである。画家が、筆と絵具を手にもったままで、画中の人にならなければならないということである。

人類学では調査にあたって相手の社会・文化のなかに参与しなければいけない。相手の民族の側から、かれらの行動と言葉によりそって理解し、解釈し、表現しなければならないという。その通りであるが、この方法をつきつめると、自ら描こうとする絵の画中の人となって描くということになる。

そういうふうにして、いわば創造的に描くのでなければ、人といい、稲といい、魂といっても、それらは所詮、言葉にしかすぎない。言葉が、パターンが、絵が、あるべきキャンバスの上に載っていない。風が吹けば、パターンがはがれ落ちてしまう。

もし、ほんとうにその場に参与して描けば、あるいは画中の人、画中の画家になれば、

めた。

ここまで書いてきたら、描くことについての昔のひとの言葉が、サッと、私の頭をかすめた。

画に描いた餅はたべられない。画は絵そらごとで、ホンモノとは違う。ニセモノだ。そういってしまえば、森羅万象はすべてニセモノになってしまう。なぜって、松は自分で松の画を描いて描きあげているのだし、竹は自分で竹の画を描いて完成させたところなのだ。山は自分で山の画を描いて、いま、そこに雲を描きこんだり、風を描き加えたりしているところだ。川は自分で川の画を描きあげ、うまくできあがって、今朝はそこから心地よい川の音が聞こえてくる。

万物はそれぞれに自分自身で描いた画なのだ。宇宙は描かれた画だ。それがウソだというならブッダが描いた仏法という画だって、ニセモノにきまっている。それがニセモノでないなら、画にかいた餅だってホンモノだ。

画に描いた餅はたべられる。いや、画に描いた餅だから食べられるのだ(14)。

私はドゥスン族の描いた宇宙はホンモノで、われわれは一挙にそこにたどりついて、そこから考えはじめなければならないといった。かれらの描いた宇宙という一枚の絵のリアリティーから出発する。そこから出発して——しかし、信じたり迷ったりしながら——最後に自分からその絵のなかに歩み入る。絵の外の人物が、絵の中の人物になる。手に絵筆をもって絵を描く。見るんじゃなくて、描く。そして署名する。魂を入れる。

そうすると遠景と近景が一枚になって、絵が完成する。画餅がホントの餅になる。魂をもった風景ができる。魂が森羅万象のなかの数多くの画家たち、つまり森羅万象と、自由に交流することになる。そして、魂というコトバから解放されることになる。

註

(1) Williams T. R.; *The Dusun, a North Borneo Society*, 1965.

(2) 岩田慶治「神の見える場所」(『カミの人類学』一九七九年、講談社、所収)のなかの柳田学と折口学の章でこの問題を論じた。しかし、他日あらためて論じてみたいと思っている。

(3) 岩田慶治『日本文化のふるさと——東南アジアの稲作民族をたずねて』(一九七六年、角川新書および角川文庫)。

(4) 岩田慶治『東南アジアのこころ——民族の生活と意見』(一九六九年、アジア経済研究所)この本の主要部はクメール族のプルアン村における住民の意識調査であり、その一環として他界観についての意見を集約した。

(5) 岩田慶治『カミと神』(一九八九年、講談社学術文庫)。

(6) 岩田慶治「東南アジア諸民族のカミ観念」(『人文地理学の諸問題』小牧実繁教授古稀記念論文集、一九六八年、大明堂、所収)。

(7) Izikowitz, K. G.: *Lamet, Hill Peasants in French Indochina*, 1951.

(8) 岩田慶治・井狩弥介・鈴木正崇・関根康正共著『スリランカの祭』(一九八二年、工作舎)、この本のなかで報告した「稲のまつり」はクルネガラ近郊農村で祭りを再現してもらったさいの記録。ただし、その後、*The Book of Ceylon* 所収の論文によると、シンハラ農村にも稲の神をめぐる儀礼があるらしいから今後の検討が必要である。

(9) 岩田慶治「多重の抱擁、神・人・自然」(『アーガマ』一九八九年九月号、所収)。

(10) 折口信夫の遊離魂という考え方はたいへん面白いが、非日常的な魂という存在が日常的な時空のなかで出入りするというのではつじつまが合わない。魂の出入りすることのできる時空のあり方を考える。それが小論の一つの目的であった。遊離魂あるいは外来魂のうろうろしていたのが古代だったではすまされない。

(11) 岩田慶治「山と雲と稲魂」(徳川宗敬編『神と社』一九七六年、所収)。

(12) 岩田慶治『日本文化のふるさと』。

(13) 岩田慶治「原風景を描く」(『花の宇宙誌』一九九〇年、青土社、所収)。

(14) 「もし画は実にあらずといはゞ、万法みな実にあらず。万法みな実にあらずは、仏法も実にあらず。仏法もし実なるには、画餅すなはち実なるべし」(「画餅」『正法眼蔵』第二十四)。この巻の意味をくんで現代語訳した。

Ⅱ　カミのいる時空

穴のあいた空間――神、カミ、そしてカミ以前へ――

〈その人〉は狂気か

京都の百万遍の十字路、東山通りと今出川通りの交叉するあたりで、たびたび、〈その人〉を見かけた。いや、〈その人〉に行き会った。

戦争直後の、昭和二十一、二年から二十四、五年にかけての頃ではなかったろうか。その頃、私は大学を卒業して、大学院に通っていた。

〈その人〉は小柄な女性で、いつも、木綿の縞模様の着ものをきて、モンペをきちっと穿《は》いていた。眼は大きく、顔色は黄土色で、髪は少しばかり白髪をまじえて、無造作に束ねていた。子どもの頃は、さぞ、可愛らしかったろうと想像された。いや、子ども時代のあどけなさが、たぶん、五十を過ぎて皺しわになった顔に残っていた。

さっぱりして、感じのよいおばあさん、いや、おばさんだったのである。

そのおばさんをどう呼んだらよいのだろう。何事かに集中して、われを忘れて行動している異常な人。日本文学の伝統では狂女というのであろうか。しかし、そう呼んではいけない。それはよくわかっている。あるとき、偶然に彼女の家の前を通りかかったことがあって、中を覗くと、奥の間で、家族が食事をしていた。円い卓袱台《ちゃぶだい》をかこんだ家族のまんなかに彼女がいた。小さい茶碗を手に、箸を器用に運んでいた。幸福そうに見えた。

そんな女性を狂女などと呼んではいけない。それはよくわかっている。謡曲の「三井寺」のなかに愛児を人買いにつれ去られて狂女となった女が、旅に出て三井寺の鐘をつく場面がある。その鐘の音によって子どもとめぐり会うのだが、鐘の音が、なぜ、親子をむすびつけるのか、不思議といえば不思議だった。

〈その人〉は空《から》バケツを叩いて、ガン　ガン　ガンとやかましい音をたてながら、百万遍の交叉点を行き戻りしていた。ガン　ガン　ガン、「皆さん、空襲警報が発令されました、すぐ、防空壕に入ってください！」ガン　ガン　ガン、「空襲警報、空襲警報、早く逃げてください」ガン　ガン　ガン――。

「おばさん、もう戦争は終ったんだよ。空襲はないんだ」といって行き過ぎる人もいたが、おばさんは信じなかった。「空襲警報、空襲警報、早く隠れなさい、天皇陛下の命令です」ガン　ガン、と空バケツを鳴らしつづけた。自転車で通りがかりに、おばさんをからかい、卑猥な言葉をあびせかける人もいた。そのときのおばさんの答え方が面白くて、たまたまその場に行き会ったときには何度もノートしておこうと思ったが、果さなかった。当時の日記に、何かしら言葉の断片が記録されているかと思ったが、どうしても見当らなかった。やっぱり、私はノートしなかったのだ。

つつましく普通の生活をしていたおばさんに一体何が起ったのか知らないが、おばさんの生は空バケツを叩くことと一体化してしまったのである。それから四十年あまりたった今日でも、何かの機会におばさんの声が私の耳のなかから聞こえてくる。「空襲警報です。空襲警報です。早く逃げなさい。ガン　ガン　ガン　天皇陛下の命令です」。

平和で、空襲警報もなく、民主主義社会で天皇の命令もなくなってしまった日々に、ガン　ガン　ガンという音が、私の耳のなかから立ちのぼってくるのである。雨霰《あめあられ》と降ってくるかもしれない爆弾を予想して、道行く人びとに警報を発しつづける。〈その人〉はたった一人の戦いを戦いつづけていたのである。

〈その人〉を何と呼んだらよいだろうか。間違っても狂女などと呼んではいけない。しかし、彼女が「狂」の系譜につくしていることが、どうしても、捨てがたいのである。おばさんが「狂女」で私が「正気の人」なのではなくて、ひょっとすると、いや、たぶん、狂気のおばさんが正気で、正気の私が狂気なのだ。おばさんはその証拠をしめしつづけていたように思うのである。その証拠としての狂気、その狂気の幻影が、四十年をへた今日もなお私の眼底にやきついているのである。

百万遍の交叉点を往来する人びとのなかにあって、〈その人〉の存在はかけがえのないものであった。

自分自身の内部に純粋に集中しきることによって、かえって外部に衝撃をあたえつづけている存在、その存在をめぐって考え考えしているうちに、とんでもない連想であるが、私は哲学者の西田幾多郎先生を思いおこした。いや、思いおこしたなどといっても、私は先生の講義を聴いたことはなく、後姿をお見かけしたことさえない。だから、連想が脳裏にその空像をむすんだというだけである。しかし、「狂女」と西田先生の対比は、たいへんな不見識であるかもしれないが、深い意味で面白いコントラストをなしている。捨てがたい対比だと思ってしまうのである。呪文のように、口のなかで、「絶対矛盾的自己同一」とつぶやきながら百万遍の交叉点を行き来なさったことはないであろうか。余人には理解できない言葉に思いあたって、その言葉をつぶやきながら歩く。〈その人〉と西田先生と、その位相はまったく違うかもしれないけれども、日常を超えて非日常に憑かれている、あるいは非日常が日常のなかにその姿をあらわしているという点では、対比可能のように思われるのである。

お二人の生の空間はその高さと深さにおいて共通している。そんなことを考えるのは失礼千万であろうか。私はお二人の姿を風景のなかでとらえようとしているのである。われわれ、その他大勢の歩行は去来する影像に似ているが、お二人のそれは存在のたしかさにあふれていた。天才と狂気といってしまえばあまりに図式的になってしまうが、お二人は、そこに至る経過に相違があるにしても、そのとき、シャーマンなのであった。

シャーマンは天と地をむすびつけるものである。天と地を含む空間、いや、天が地で、地が天であるような空間に自分を位置づけ、そこに人間の足場を築くのである。

すくなくとも、そのとき、私という鏡に映った風景はそのようなものであった。人物とその場とが極度に反撥しあいながら、牽引しあい、一体化していた。そして道行く多くの人びとの眼が、それを見ることを拒否しながら、その場に吸いよせられていた。

私は、場を充たす、空虚な場を充実した場に変化させる、場をほんとうの意味で活性化する、ということからこの小論をはじめようとしているのである。

虚の空間を実の空間にする。そのためには二つの方法があるだろう。一つは行動によって充たす。他の一つは言葉によって充たす。槍をふるって猪をたおす。鍬をふるって田畑を耕し作物を育てる。それらは行動によって場を充たしているのである。シャーマンが奇妙な衣裳をきて、ぐるぐる廻り、跳躍し、火を口に含み、奇声を放つのも同じことである。しかし、言葉によって場を充たすのは人類がつむぎだした文化の内部の出来事である。文化と呼ばれる人類の歴史的構築物の内部でだけ通用する出来事なのである。したがって、自然には通用しない。ほんとうの自然は言葉の意味の絶えたところにその姿をあらわす。われわれはその自然の上に自分を位置づけようとしているのである。

「わがこころ深き底あり喜も憂の波もとどかじと思ふ」、と西田先生は歌われたけれども、ひょっとすると、百万遍の〈その人〉は、そのとき、深い深い自然の底を歩いていたのではなかろうか。

身体で充たす、言葉で充たす

空間のそこを真にその場所たらしめるために働く。絵画にたとえれば、空間のそこに紙を貼る、パピエ・コレのように。あるいは油絵具を盛りあげる。あるいは余白として残す。しかし往々にして、このごろはしばしば、その空間を解説の言葉で充たすことがある。絵に題をつける。木の絵に「木」という題をつけるのじゃなくて、それに「いのちの喜び」とつけたり、「風のかたち」とつけたりする。その空間を言葉で充たそうとしているわけである。

こういうことを考えるとすぐ思い出すのは『万葉集』と『古今集』の違いである。万葉の歌人は山河大地、草木虫魚のあいだを歩みながら歌をつくっている。自然詩《ナツーアポエジー》ないし機会詩《ゲレーゲンハイツゲディヒテ》が多い。一方、『古今集』の歌人は辞書を手に、室内の屏風のかげにかくれて歌を工夫している。技巧詩《クンストポエジー》の工夫をこらしている。(1) 誰でもがいだく感想であるが、それを歌集の性格の違い、着眼の違い、美意識の違いとだけとらないで、小文の文脈にそって、空間の充たし方、偽の空間を真の空間にもたらすための身体運動の違いとして考えてみることができる。

『万葉集』の歌は自然にむかって開かれている。自然のなかの生活と、生活のなかの自然とがたがいにその境界線を失いながら、そこで表出される人間行動と人間関係のゆらぎが歌となり、リズムとなって表現されている。邂逅と別離の空間関係が、激しい争いが、恋愛する人の動作が、旅の行程が、歌に化しているのである。

試みに巻一を開いて順に見ていこう。そうするとそこには、丘の上で掘串《ふぐし》をもって菜を摘んでいる少女がいる。天香具山に登って国見をしている天皇がいる。宇智の野に馬を走らせて草野を通りぬけていく人がいる。山越しの風を受けて寝ることもできず家にいる妻を偲んでいる人がいる。秋の野に草小屋をつくって泊る人がいる。月の光を待って舟を漕ぎ出そうとする人がいる。草の根を結んで呪術の行為をする人がいる。松の下草を刈り取って家をつくろうとする人がいる。阿胡根浦の水底にくぐって珠を拾ってこようとする人がいる。歌という歌が人間行動、ないし身体運動を軸として展開しているのである。人が動いて自然に触れる。人と人とが出会う、行き違う、別れる。東にのぼる太陽を仰ぎ、ふり返って沈む月を送る。それだけが『万葉集』だなどとはいわないにしても、行動が歌の骨格をなしているということは疑いないのではなかろうか。それはゲーテのいう自然詩であり、機会詩なのである。出会いの驚き、人生の機会に直面してそこから生れでた詩なのである。

一方、『古今集』の歌は考えられ、構成された技巧の歌である。そこではえらび抜かれた言葉が、前後左右に巧みに配置されている。それは室内装飾に似ている。

「和歌《やまとうた》は、人の心を種として、万《よろづ》の言《こと》の葉とぞなれりける」。これが有名な『古今集』の仮名序にしるされた冒頭の言葉である。歌の種、歌という「木」の種はこころで、そこから芽生え、茎となり幹となり、そのまわりに無数の葉をつけて生い茂る。その「草木」のかたちが歌のかたちだというのである。人の心、心という揺れ動く気配が歌を育てる土壌で、茎、幹を飾り、「草木」のかたちと構造をきめるものは言葉だというのである。

そしてその「草木」にはどういう種類があるかというと、仮名序によると、(1) そへ歌、(2) かぞへ歌、(3) なずらへ歌、(4) たとへ歌、(5) ただごと歌、(6) いはひ歌、の六種だというのである。ここで六種の内容を解説することはしないが、それによって歌のジャンル、歌ごころの方向性を規定したといってもよいであろう。歌という文化の枠組みをきめたわけであって、この枠から外れた摩訶不思議、妖怪変化、怪力乱神はそのままでは歌にならなかったのである。歌の品位、歌人の品格、文化の美意識がそのように評価されたのであろう。

私は門外漢であるのに、すこし立ち入ったことをいってしまったかもしれない。

唐木順三氏は次のようにいっておられる。

> 私は万葉集において数多く使はれてゐる〈見る〉及びそれに関係する言葉の喪失において古代といふものの終焉を感じる。既に書いたやうに前期万葉人の〈見る〉が時代の下るに従つて次第にその具体性を失ひ、〈見れど飽かぬ〉の用法もマナリズム化されてゆく。そして古今集にいたつて姿を消してしまふ。……山川草木を〈清し〉、〈清《さや》けし〉と眼でたしかめることにおいて、山川草木は他人ではなくなつた。……山河はその本来において清浄であつた。それは自然・自己一体の古代人の在り方といつてよい。
>
> 『古今集』においては〈眼〉にかはつて〈心〉が、〈見る〉にかはつて〈思ふ〉が頻りに出てくる。（『日本人の心の歴史』上、筑摩書房、五六―五七ページ）

「見る」から「思ふ」への変化、それを別の角度からいえば身体運動の世界から心の空間への退去である。フィールド・ワークからデスク・ワークへの変化である。

ここのところを指して、周知のごとく、正岡子規の小気味よいほどに痛烈な批判が吐かれるのである。

貫之は下手な歌よみにて古今集はくだらぬ集に有之候……。

心あてに折らばや折らむ初霜の置きまどはせる白菊の花、此躬恒《みつね》の歌、百人一首にあれば誰も口ずさみ候へども、一文半文のねうちも無之駄歌に御座候。此歌は嘘の趣向なり。初霜が置いた位で白菊が見えなくなる気遣無之候。趣向嘘なれば趣向も糸瓜《へちま》も有之不申。(『歌よみに与ふる書』)

子規も付言しているように、この歌がつまらないのはつまらぬ嘘をついたからで、「上手の嘘は面白く候」ということになるわけである。しかし、それはそれとして、ここで趣向といっているのは心という内部空間のありようということになる。そこに嘘が多い、理屈が多い、作りものの構造が多い。

身体運動から言葉の選択に重点が移ったのである。その場に身体を運ばないで、言葉の上でそこに行ったつもりになっている。それではダメだというわけである。

私は柄にもなく、歌について語ってしまったが、実は、人類の生活様式そのものの変遷が歌ごころの変遷の背景をなしていることに注目したかったのである。

人類の生活様式は一般に、(1) 狩猟・採集民、(2) 農耕民、(3) 牧畜民、(4) 都市民などにわけられる。さらにこの上に、農牧民、都市国家の住民、巨大都市生活者などを加えれば一層現実に近くなるのであるが、今はこのような生活様式の変化に対応する発想の形式とその推移について考えてみたい。といっても、それはそれとして大事業であるから、ここではその大筋の予想をたてるにとどめたい。

狩猟・採集民のあいだでは身体がものをいう。族長・村長は同時にシャーマンを兼ねることが多いが、かれらは巨軀をもち、容貌魁偉で、立派な装身具を身につけている。身体そのものによって人びとを威圧しているのである。また、生活の上で鳥獣との対決、格闘を不可欠の要件としていることはいうまでもない。そこには殺すか、殺されるかというギリギリの関係が内包されていたのである。いたるところに死の空間が待ちうけていた。かれらの生活空間は生と死の縞模様をなしていた。あるいは、死が水玉模様のように生の空間のなかにちりばめられていた。それをのり切るためには頑強な身体と身体化された知が不可欠であった。

言葉が単なる符号、単なるサインとしての役割を超えるのは、それが呪術のなかで語られるときだけであった。呪術の言葉が、供物と身体運動とに助けられながら、不安で、空虚な時空に架橋したのである。

身体運動が言語表現を上まわっていたのである。

農耕民の生活は狩猟よりずっと安定したものであった。水田稲作民を例にとれば、かれらは稲を植え、稲を育て、稲を刈り、米倉にはこび込む。植物のリズムと季節のリズムと人間行動のリズムが同調し、合体していたのである。そのリズムにあわせて人生の折り目を祝い、季節の祭りを営み、祖先を想起すればよかったのである。行事の運営をはかる村長と、呪術、儀礼の領域を司るシャーマンとが機能分化することになった。村長は身体で行動の規範をしめさなければならなかったが、シャーマンは言葉を重ね、伝えられた呪言を述べることによって文化のなかの裂け目、落し穴、空白地帯を埋めようとした。

このとき、言葉の相乗効果が身体運動の役割を上まわったのである。

その後、都市が誕生し、同時に大宗教が生れて厖大な言語表現ないし教養が蓄積されることになるのであるが、当面、そこまでは考えない。言語宇宙、つまり言語によって構築された宇宙、換言すれば文化という縫いぐるみが完成するわけであるが、その真偽については別に検討しなければならない。

ここでは、狩猟・採集社会の文化が人類文化の基礎であり、その基礎の上に、そこから派生して農耕・牧畜文化が誕生した。身体運動が基本であって、ちりばめられた言葉はその上の装飾だといいたいのである。言語表現よりも身体運動の方が、原初の場をみたす上で効果があるといいたいのである。

身体運動は人間と自然とを繋ぐが、言葉は文化の内部、人間のつくりあげた二次的・人工的環境の内部でしか機能しない。自然、あるいはほんとうの自然は言語の手の届かないところにある。

百万遍という都市の一劃、車がひっきりなしに交叉し、人通りが多く、常に騒音にみちみちている空間、文明の虚偽の匂いが立ちこめているような場所、その場所を人間と空間とがほんとうに支えあえるような場所に転換するにはどうしたらよいか、このことについて考えてきた。

一体どうしたらよいのか。

一応の、中間的な見通しは次の通りである。(1) まずは身体運動を試みなくてはならない。いたずらな言葉は騒音を増すだけだ。(2) 自分自身の内部に純粋に集中しなければならない。その上で自分と呼ばれる殻を脱却する。(3) こころ・からだ・たましいの一致を実現しなければならない。これについては小著の『自分からの自由』のなかの身心論（第四章）で述べたので繰り返さない。自分からの自由を実現して軽やかな舞踊をはじめるのである。[2] (4) その同じ場所から、詩が生れ、歌が生れ、俳句が生れる。つまり、ほんとうの言葉が誕生するのである。

百万遍の十字路という創造の場所が誕生するのである。

空間のなかの空白

かつてカール・リッター（一七七九―一八五九）は「もの」の充ちみちた地表ということをいった。これがかれの思想の中心部に位置していたのである。もの Dinge が充ちみちている erfüllen 地表 Erdoberfläche というのであって、これこそがかれの難解きわまる地理学を支えていたのである(3)。

砂漠のように何もない空間を研究するのが地理学の役割ではなくて、山や川や森林や畑や、村落や都市がそこに立地し、それらが一体となって人間生活の場を提供している。往き来する男女があり、遊ぶ子どもたちがいる。それらの「もの」が「その場」と一体化して、世界の部分をなしている。その部分ではなくて、そういう部分からなる地表の全体を考える。

リッターについては改めて論じなければならない。したがってここでは右の文脈を補足する二、三の視点についてだけ述べる。

(1) 「もの」の充ちみちた空間というのは、いろいろなものが分布している空間ということではない。

(2) リッター地理学はペスタロッチと出会うことによって開眼した。だから、「もの」というのは、そこにあるべくしてある「もの」、世界史のなかでその意味を実現すべきのように「もの」、「地域」のありよう、あるべき姿を見抜かなくてはいけない。

(3) そのための方法が相観学 Physiognomik である。手っとり早くいえば手相を見る方法である。熟達した人になると、手相によって人物を判断する。そのように、「もの」、「地域」にひそむ本性をひきだし、開花させる。世界史のなかで大陸には大陸としての役割があり、島、半島にはそれとしての役割がある。どのように小さな場所だって、それをテクストとして読みとることができる人には、そこから未来が見えてくるのである。

(4) リッターは敬虔なキリスト教徒だったから、場所というテクストを読むコードは、決してあらわではないが、キリスト教の世界観であった。

(5) リッターはA・フンボルトと同時代人であり、ゲーテともほぼ同時代人であったから、宗教をこえた普遍的な人類世界への視野をもっていた。普遍的な比較地理学、allgemeine vergleichende Geographie こそがかれのめざしたものであった。

地表に充ちみちているもの、森羅万象はあるべくしてあるのである。あるべくしてある存在の深み、その場所に共生している人間と生きものたち、山河大地のかたちの織りなす個性的な地域に見入る。ひょっとするとリッターにとっては、地域、場所というテクストを読んだ成果、言葉の綾よりも、見る姿勢、読みとる行為の方が大切だったかもしれない。

少なくとも、その方が面白くて面白くて仕方がなかったのではなかろうか。

地表、地域、場所、「もの」をこういうふうに見ていくのである。オーストラリアのアボリジニがいうように、砂漠のそこここに木があり、石があり、泉がある。人間はそれらの「もの」のある場所から誕生し、それらの場所のなかに死んでいく。砂漠は生と死を宿す穴だらけなのである。空虚な穴ではなくて、生と死を宿す穴。アボリジニの眼はそれをそう信じたのである。現代人は、木から人間が生れ、トカゲとなって歩き、岩山の麓に死んでいく、そんなバカなことはないと思っている。しかし、アボリジニの哲学者は四万年ものあいだ考え考えしたすえに、そう覚ったのである。穴ぼこだらけのところに住んで、その穴ぼこと一緒に生きているのだ。(4)

人類学者はこういうことをうまく答えてくれるアボリジニ哲学者に出会おうとしてオーストラリアに出かける。しかし、そういう人物に出会うことは稀である。

リッターが考え、アボリジニが生きた場の構造を見ようとするには、今日では、演劇の場に参加するしかないかもしれない。

ここではその一事例としてスリランカのコーラム(舞踊劇、仮面舞踊)について述べたい。(5)ただし、このドラマの細部についてはグーナティラカ氏の書物にゆずり、ここでは、観客として参加したさいに私が感じとった意味について触れる。それはドラマの本筋ではないが、本筋を超える意味をもつものと思われたのである。

コーラム劇は夜半から翌朝にかけて演じられるが、劇の第二部に入り——第一部は村の日常生活の状景で、村長、警官、洗濯屋、太鼓たたきなどが仮面をかぶって登場するユーモラスな部分——王族や女神や神話上の人物や外国人や、さてはライオン、キツネ、イヌ、ワニなどが重々しい、あるいは軽妙なマスクをつけて登場し、神話的な、そして超自然的なドラマが展開しようとしていた。私は村びとたちに交って舞台の展開を見守っていたのである。

左手から、ナーリ・ラターつまり蔦《つた》の精である美女が、頭に王冠のような仮面をいただいて舞台に歩みでた。身体を蔦のようにくねらせ、両腕を頭上にかかげて踊った。踊っているうちに神がかり、蔦の精に変身したのであろうか。仮面のなかの緑の部分ががやいて見えた。蔦が観客の人生をからめ取ろうとするようにも見えた。

そのとき、観客のなかの中年の女性がナーリ・ラターの方に歩み出たかと思うと、そこにバッタリと倒れ、地面の上に横たわり、身をよじって苦しみ出した。私はびっくり仰天して、危うく「一一九番」と叫びそうになった。
四、五人の観客が走りよって、倒れた女性を抱きかかえた。ことさらに動転しているふうもない。聞けば、その女性も神がかってしまったというのである。仮面の人が神がかり、それに感応して観客が神がかったのである。

やれやれと胸をなでおろしたその時、ハプニングが起きた。観衆のなかに緑色のへビが紛れこんでいたのである。グリーン・ヴァイパーは猛毒のへビである。まわりの村びとは総立ちになり、走って、棒を手に握りしめ、木の枝を手折ってくるものもあった。緑色のヘビを打ちのめし、殺そうとしたのである。もちろん、へビもさるもの、緑の身体をくねらせ、素早く村びとの追及を逃れたかと思うと、ドラマの場からすべりぬけていった。人工と自然の境界をこえて、自然へ、森のなかに隠れたのである。森が月光のなかに自らのかたちをしめし、人間どものドラマを呑みこもうとしているかのようであった。ドラマの主人公は闇であった。

そのとき、ハッと気付いて振りかえってみると、その場で起ったことは、(1) 神がかり、あるいはエクスタシーの転移であった。(2) 仮面によって劇化された物語の筋が消えて、緑色のへビを主人公としてその場のリアリティが盛りあがった。(3) 電灯、あるいはケロシン・ランプで照明された舞台をつつんで、森林の闇が果てしもない深さで迫っていることがわかった。劇の主役は昼と夜、光と闇の葛藤であり、その和解であった。ドラマの場の表と裏の顔が、実は同じ人物の同じ顔だということがわかった。

観客は、そして私は、劇の向こう側の劇に感動した。文化と呼ばれる舞台、人生という渦巻きの中心が、つまり穴ぼこが、闇によって充塡され、活性化されたのであった。

ドラマとその舞台をめぐって、無数のエクスタシーがちりばめられていた。エクスタシーは空間の穴なのである。そこから、すべての行為とその表現が誕生する穴、そこから生れ、そこに死んでいく宇宙の穴ぼこ。人はそこで神がかるのであった。

「もの」によって充塡された生き生きとした地表空間の探求、リッターも同じことをいいたかったのであろう。

現代の大都市では、こういう穴ぼこが慣習的な文化と言葉によって塞がってしまっている。だから、そのなかのコンクリートの小部屋に住む小家族は、イヌを飼い、ネコを飼って、あまりにも人工的な都市空間に穴をあけようとするのである。イヌやネコの生死、かれらの不断のエクスタシーに触れようとしているのである。

穴ぼこをあける

このあいだ、精神科医岩井寛氏の書かれた――松岡正剛氏との対話――『生と死の境界線』という本を読んだ(6)。ひどいガンにかかって身体がむしばまれ、痛み止めの麻酔剤によって意識が侵されようとする。そのなかで最後まで意識を覚醒させ、いのちの全力投球をして、生と死の境界線に向って自分というものの本質を問う。自分を映す究極の鏡に向って、自分のかたちを正そうとする。

自分とは結局何なのか。岩井さんは自らにそれを問うているわけである。壮絶なたたかいといったらよいのだろうか。岩井さんの意志の力に感動するとともに、どうにも息苦しくなってきた。こうまでしなければいけないだろうか。意志というものを棄ててしまって、その場に、大地にベッタリと横臥してしまう。カレイかヒラメのように平たくなって、海の底にピッタリと張りついてしまう。そうすると頭、胴、手足という日常の形を離れた自分、これから形づくられていこうとする自分というものは、どうなるのだろうか。柄《がら》が地《じ》になってしまう。

画家のモネの場合にはリウマチで動かない手に絵筆をしばりつけて、最後の力をふりしぼって甘美な絵を描いた。かれは自分自身が池の睡蓮になってしまった。いや、睡蓮がモネの身体をうごかした、といった方がよい。しかし、岩井さんは精神科医であり、科学者なのだから、人間をやめて睡蓮になるわけにはいかない。そこで悪戦苦闘するわけだけれども、ひょっとしたら、人間、個、名前のついた人物を離れて、つまり、人間というかたち、模様、柄《がら》を離れて一枚の画布《キャンバス》になってもよかったかもしれない。私なら、意志の弱さもあって、そうなりたい。

そして人間が画布《キャンバス》になってしまうと、その上に生死を分かつ境界線もなくなってしまう。境界線をさぐり当てようとする苦しみから解放される。外から見ればボケは悲惨だろうが、本人からすればボケたっていいのである。

あなたの方からみたら
ずいぶんさんたんたるけしきでせうが
わたくしから見えるのは
やつぱりきれいな青空と
すきとほつた風ばかりです

宮沢賢治の詩、「眼にて言ふ」の一節である。生と死の境界線のこちら側と向う側に立って見ると、向う側の穴ぼことこっち側の穴ぼこが一つだということがわかる。しかし、そこから見える風景はそれぞれ違う。

私は、同じことを「からだ・こころ・たましい――小寺人間学の構造」のなかで述べたので（『自分からの自由』一六八ページ）、ここでは繰り返さない。

さて、ポール・セザンヌという画家は生きながらにして画布《キャンバス》になってしまった男ではないだろうか。かれは自分の身体というチューブから絵具をしぼり出して、画布にしみ込ませていく。それがリンゴになったり、木になったり、ヒビ割れた家になったり、サント・ヴィクトワール山になったりしたのである。セザンヌの絵はセザンヌその人であった。名前のない一枚一枚の人間の模様。

ところで、セザンヌの絵には塗り残しがあるということが、しばしば論じられている。ある人はそれは手続き上の偶然だといったが、そうともいい切れない。ある人はこういった。

塗り残しが、この絵ではとりわけ人物の中心部でなされているのだ。絵の中の人物が、端からセザンヌの筆跡で包むように描き上げられていきながら、その中心が抜け落ちている。中心に何も描かれていないキャンバスの地膚が存在している。いわばその絵が空虚を芯に置いて出来上がっている……セザンヌとの距離が一挙に縮まり、キャンバスとの接触ゼロを超えたその内側にはいり込んだようだった。（赤瀬川原平『芸術原論』一九八八年、岩波書店）

一方、吉田秀和氏の『セザンヌ物語』(7) はセザンヌについて多くのことを教えてくれる。そのなかに塗り残しについての指摘もある。「塗らず、描かないままに、画面に白い地をそのまま残す。これは中国や日本の絵画で、私たちがすでに馴染んでいる手法である。だが、画面の中心部、しかも絵の核心をなす領域の大部分が白いまま残されるというような描き方のされた例があるかどうか……それに同じ空白といっても、セザンヌと東洋画とでは、技法も起源も同じに論じられないのはいうまでもない。だが、起源が違っても、この両者には、空白によって生じる一種の霊性という点で共通するものがある」。(前掲、Ⅱ、一六四ページ)

また、同書の別の箇所ではセザンヌの描き方として、輪郭からでなく中心からとらえる。内側から外側に向ってものが生れでるように描く。全体から個が生れるような構図をつくる、という面白い指摘がある。

こうなってくると、われわれがここまで論じてきた穴ぼこ空間論についても、さらに注目しなければならないことになった。

一歩、身体を……

私は年来、新アニミズムの立場をとり、神からカミへの視線の転換をいいつづけてきた。名前をもち、教義をととのえ、カレンダーの日付けにしたがって去来し、常に幸福の運び手であることが期待されている「神」から、名前がなく、教義も持たず、出没去来の時を定めず、人間にとっての禍福を予想しえない「カミ」の方向に視線を向けるべきだ、「神」から「カミ」にわれわれのこころの方位をすえ直すべきだといったのである。文明の神から原始のカミへともいった(8)。

しかし、今や、カミの宿る場所を通りすぎて、カミ以前の空間を探求しなければならない。それをここでは穴ぼこのある空間として考えたのである。草葉に置いた朝露のようなカミに触れて、反転して、それを表現するにはどうしたらよいか。こちら側からあちら側に通ずる、あちら側からこちら側にぬける、穴ぼこがなくてはならない。その穴、そのトンネルをぬける方法というより、そのときのわが身のふるまい方を考えようとしているのである。

註

(1) 芦津丈夫『ゲーテの自然体験』(一九八八年、リブロポート)。高橋義人『形態と象徴』(一九八八年、岩波書店)。
(2) 岩田慶治『自分からの自由――からだ・こころ・たましい』(一九八八年、講談社現代新書)。
(3) 岩田慶治「カール・リッターの方法」(『人文研究』四―三、一九四八年)。
(4) Ashley-Montague, M. F.: *Coming into Being among the Australian Aborigines*, 1937.
(5) Goonatilleka, M. H.; *Masks and Mask Systems of Sri Lanka*, *Colombo*, 1987. 岩田慶治・井狩弥介・鈴木正崇・関根康正『スリランカの祭』(一九八二年、工作舎)。

（6） 岩井寛（口述）、松岡正剛（構成）『生と死の境界線』（一九八八年、講談社）。
（7） 吉田秀和『セザンヌ物語』（Ⅰ、Ⅱ）（一九八六年、中央公論社）。
（8） 岩田慶治『カミと神』（一九八九年、講談社学術文庫）。

自分マンダラが動く――自然のなかへ融けこむ――

投げ矢とマンダラ

ブータンの寺院をまわって壁に描かれた多くのマンダラを見た。三重の円でとりまかれた世界の中心に、仏の住む都市をしめすのであろうか、四門をそなえた四角形の区劃があり、その中心部のハスの花の上に仏が坐っておられる。仏の背後には放射する火炎が描かれている。仏の知恵と慈悲が中心から周辺にとどき、同時に、周辺から中心に集中する。われわれの住む世界のあるべき姿、つまり本質がここに表現されているのであろうか。

そうかと思うと夜の星座の運行を見るようなマンダラもあった。須弥山を中心に太陽と地・水・火・風が多色の輪として描かれている。天体のしめす悠久の運動と、その前に坐って瞑想している修行僧の存在を、あるいは人間の有限なありかたを、どういうふうに結びつけたらよいのだろうか。この、マンダラらしからぬ絵を見ていると、自分はこの絵の外部にいるのか、内部にいるのか、わかっているつもりでわからないというもどかしさを感じてしまう。

なかには円の外周にそった帯に人生の推移をリアルにしめしたものもあった。誕生から死にいたる人生のステージを、あるいは生老病死の輪廻を、それぞれの段階において表現している。いやらしい。汚ならしい。しかし、凝視してそこから脱却せよ、と迫られているようであった。

マンダラは宇宙と人間のしめす世界の構造をもっとも集中的に表現していた。仏とその国土、神々と人間のかかわり、その間に作用する不思議な力のダイナミズムを、緊密に、華麗に、そして建築的に表現していた。驚くほど多様な色彩、徹底した部分への関心、それでいて驚くほど全体の統一がたもたれている。

マンダラは、そこで修行し、瞑想する人びとのための手がかり、道しるべ、あるいは道具なのであろうか。瞑想が進むにつれて絵の向う側に世界の実相が見えてくる。その見えてきた実相の側から、マンダラと呼ばれるイメージの絵画を見つめていると、いつの間にか自分が画中の人になってしまう。マンダラと一体になる。宇宙が自由に運行しているように、自分の行為が宇宙とともに自由になる。

マンダラはそういう動的な、そして修行者をそのなかに誘いこむような本質をそなえた絵なのだろうか。

その寺院の外で数人の少年僧が遊んでいた。羽根のついた矢を投げて、十数メートルさきの的《まと》にあてる。そういう遊びだった。矢は弧をえがいて次々に空中を飛んでいくのだが、なかなか的にあたらない。やがて、技倆に熟達すれば必ずや的にあたるに違いない。飛ぶ矢が同心円の的の中心、その黒点にむかって吸いこまれていく。

ちょうどそのように、瞑想のある時点でマンダラの描かれた図像が、イメージであることを超えて立ちあがり、絵と現実が一体化してしまう。そこに宇宙の本質が露呈する。修行者にそういう経験がおとずれるのであろう。

修行、あるいは瞑想の到達点と、マンダラのうちに包蔵されている真実のあらわれとの間には、いったい、どのような関係があるのだろう。修行が壁を破る。瞑想がイメージを突きぬける。

この関係——投げ矢とその的、修行者とその目ざめの関係は因果じゃない。「同時」だ。原因結果という論理によって置きかえられるものじゃなくて、「同時」としかいいようのない不思議な時空のなかで起ることに違いない。波が、渚に立っている自分の右側に波立ち、また左側に波立って、「同時」に砕ける。打ち寄せる二つの波を観察すれば同じじゃない。ザザッと砕けてサーッと引く。その時刻は同じじゃない。時計で測れば違いがあるだろう。それにもかかわらず、透明な二つの波が「同時」に打ち寄せてくる。同じ言葉を

ブータンの投げ矢

ブータンのマンダラ

語りかける。

右手の波と左手の波はもともと一つの波だ。波のもとは一つ。けれども右手には右手の波が見え、左手には左手の波が寄せてくる。そして自分のなかで二つの波が一つになる。頭をめぐらして左右の波の切れ目、あってない境界を越える。ちょうどそのように、時計によって支配される時間の世界から、時計以前の「無時」、あるいは「同時」の世界に入りこむ。日常が非日常にすべり込む。

修行、あるいは瞑想のなかで、あるとき「同時」の扉を開き、その内部に入ってしまった。そこに面白い風景が見えてきた。そうしたらそれを自分で描写するより仕方がない。お師匠さんが本人に代って描写してくれるわけでもなく、索引をくって経典のしかるべき一句、二句を探り当てるというわけにもいかない。

自分で山に登り、自分で山頂の眺めを経験し、それを自分で表現する。そうするより外に方法はない。

ややこしいことをいってしまったが、私のいいたかったことはこうである。修行が、いつ、目的地に到達するか。瞑想のすえに、いつ、実相が見えてくるか。もうすこし、もうすこし、まだ、まだ、と努力するのは結構だけれど、組んずほぐれつ、上になり下になりの真剣勝負をしていながら、チラッ、チラッとレフェリーの顔色をうかがうのはどういうことか、というのである。見えたら見えた、見えなきや見えない。自分で決めるより外ないじゃないかということである。端的にいえば、投げ矢が的の中心にあたった、瞑想のさなかにマンダラがおのれを露呈した、そうしたらその風景を自由に、そして大胆に述べてほしい。誰に遠慮もいらない。仏教風にいえば「自証三昧」ということ、それ以外にないじゃないか。

自分を超えるとは

人類学といえばフィールド・ワーク（野外調査）というわけで、人類学の普及につれてフィールド・ワークという言葉も普及することになった。なかにはフィールド・ワークといえばそこに摩訶不思議な方法の魅力を感じる人もいるらしい。しかし、実際には、そのなかにそれ相応の魔力があるともいえるし、ないともいえる。調査する人次第だ。

普通には、海外調査をするさいに相手の民族とその文化について文献・記録をしらべるだけでなく、書斎から出て、その民族の住む土地にたどりつき、かれらの村に入り、家に泊り、同じものを食べ、同じ言葉をしゃべり、外部の人としてではなく、できるだけ内部の人となって調査することをいう。昔は、それだけのことがなかなか大変だったのである。村入りのしるしとして相手のさしだした酒盃を受けなかった。体調が悪くて酒が飲めなかった。そのために殺されてしまった調査者もいたということだ。

さて、方法としてのフィールド・ワークの本質はといえば、誰でも参与的観察というに違いない。外部の調査者が自分の立場、考え方、あるいは文化の枠組を持ちこんで相手の文化・社会を分析するのではなくて、自文化を捨て、無私の立場に立って観察し、理解しようとする。切符を買って劇場に入り、客としてドラマを観賞するだけでなく、時としては自ら俳優になって舞台にあがり、他の村人とともに演技する。いわばまるごと、ドラマのストーリーを受容し、その上で、理解しようとする試みなのである。

「文明人」がその立場と衣裳のままで「未開人」の文化に臨むのじゃなくて、同じ人類の一員として異文化、異民族に臨むわけである。だから批判の余地なくこれは結構なことに違いないわけである。

しかし、参与する。不即不離の立場に立つ。内部の人となり、兼ねて外部の人として、公平に、客観的に、つまり科学的にしらべる。分析し、記述し、理解する。そんなことは、とてもできるものじゃない。

疑問の余地なくよい方法だけれど、言葉だけでなしに、自文化を棄て、自分を無にするというのはむずかしすぎる。

じゃあ、どうしたらよいのか。野外調査をやめて、文献・記録による調査にもどるより仕方がないのか、ということになる。しかし、文献・記録といっても、今日でこそ書物の形をとっていても、一番はじめにその書物をつくった人はそのとき野外調査をしていたに違いないのだ。旅をし、未知の民族に出会い、面白い行事と出来事を記録したのだ。自分の目で見て、自分で解釈したのだ。

できるだけ参与的観察を志しながら、結果として、そこに自分の世界が残るのだ。自分を主張しない。自分の解釈を押しつけない。それは大事なことに違いないけれども、その方向に片寄りすぎてホントの自分が隠れてしまっては困る。「付かず離れず」というのはそのことだろう。胸を張って自分の感覚、自分の考え、自分の主張を押し出さなければいけないときがある。

しかし、その自分のあり方が問題である。変ったことをいうようであるが、自分の考え、自分という意識だけでなく、いわば自分の自画像が画面のどこかになければならないのではないか。もちろん、自分にこだわっている人の描いた自画像はありがたくないが、無心に自画像を描いてそれを主語に見たてることはあってよい。主語としては、言葉で自分といい、私といい、僕といい、"it" というより、自画像をしめす方がとらえやすい。主語が見えやすい。

私のいいたいことは頭と胴と手と足だけが自分じゃないということなのである。その自分じゃない自分、拡がりのある自分、放散し収斂する自分、山河草木を含む自分を、「これが自分です」と言うべきだということだ。山河はもとより、草木虫魚と境界によって区切られている自分、いくら呼びかけても山河は応じず、草木も返答しない自分を主張するのではなく、一歩すすんで、あるいはもっと踏みこんで、新しい自分を主張する。宇宙人間としての自己主張をする。お師匠さんの許しを待っていては、いつまでたってもラチがあかない。

投げ矢が空中を飛んで的にあたる。そのとき、投げ矢と的を含む全体が飛ぶ矢なのだ。修行者が瞑想の極みにマンダラと一体化し、宇宙と一体化する。そのときのマンダラが自分なのだ。投げ矢は、投げる前にすでに的にあたっているのだ。遠慮することはない。悟りなどというものは出発点にすぎないのだ。

石鹼をつけてなめらかになったスベスベの皮膚が自分と自然の境界だと思ってはいけない。庭の木蓮の木肌、その灰色のザラザラした肌ざわりに触れると、自分はその肌ざわりのこちら側にいるだけじゃなくて、向う側にいる。

こうなってくるとフィールド・ワークは自分が自分を点検することであり、聞きとり調査は自問自答、あるいは独白、モノローグだ。

言葉でない世界

ここまで書いてきて、思いあたることがある。それは私が言葉を積みあげる作業から手を引きたいと思っていることだ。言葉を操りながら、言葉の綾とりをすることを避けたい。主語と述語あるいは単語と文法を駆使して、文化の文様をつくりたくない、ということである。言語宇宙というものに馴染まないのだ。

ただし、そういう大問題をここで論ずることができないことはよくわかっている。そこで詳論は——できるかどうかわからないが——他日を期するとして、ここでは箇条書きふうのメモを残しておく。

その一。言葉について考えようとするとき、まず思いうかぶのは海と水のイメージである。海は、いかに広大なものといっても、イメージを結びやすい。フォーム（形、あるいは柄《がら》）があるからだ。一方、水はごく手近にあって不断につきあっているのだが、イメージを結びにくい。フォームというよりマター（質、あるいは地《じ》）の性質を持っているからだ。水は容器にいれればとにかくとして、そのままでは五感ではとらえにくい。海は言葉でとらえやすいが、水は言葉ではつかまらぬ。ところで、宗教の世界は水の世界である。「水の水をみる参学あり、水の水を修証するゆゑに。水の水を道著する参究あり、自己の自己に相逢する通路を現成せしむべし」。(「山水経」『正法眼蔵』)

水が水に出会う世界が宗教の世界だというのである。言葉はそこでは不要なのだ。

その二。「一つ一つ近づいて見すえるようにして眺めたのでは、その花の美しさはわからない。ひばりが上る麦畑の絨毯の模様のように、れんげそう畠があり、またよく見ると、そこここにすみれも風にゆれている。そのような美しい全体の時間と空間の流れが、真宗の精神ではなかろうか。妙好人というのも、実際はそのようなごく素朴な信仰人の心の動きであって、それを今日のように禅的にとらえると高価な蘭のようになってしまって却って世俗化してしまう」。(武内義範「遭遇の場」『中外日報』一九九二年七月三十一日)

エッセイふうに書かれた文章であるが、気になって仕方がない。大切な問題が含まれているような気がするからである。それは単に禅宗の風景は貴族的・高踏的で、真宗の風景は庶民的・日常的だということではないだろう。

禅経験の表明には往々にして文字・言語をよせつけようとしないところがあり、浄土経典のなかのあの世の描写には千万言が費やされてしかも言葉の不足を嘆くことが多いのは何故だろう。禅は近景の宗教、浄土経は遠景の宗教だろうか。そういうわけにもいかないだろう。

禅の時空と真宗における「時間と空間の流れ」は違うのだろうか。

二つの時空は「同時」の世界のなかに成立するのではなかろうか。ブッダの世界で合流する。それはそうだろうが、私としてはそれが、二つの世界がアニミズムを出発点としているといいたいのだ。出発点はアニミズムという原始宗教、そこから二つに分かれた。

その三。いずれにしろ、宗教の世界は因果のくさりによって繋ぎとめられた世界、言葉の梯子《はしご》をのぼってたどりつくことのできる世界ではない。それは言語宇宙と異質の世界である。宗教は「同時」の世界の出来事である。渚に立っている自分の右手の波と左手の波が「同時」に砕ける。まず時計――どんな種類のものでも――があって、それで観測した二つの出来事が同じ時刻をしめしたとすれば、それは共時性の出来事である。それとは違って同時(性)というのは時計の目もりの上では違うかもしれないが、いのちにつらなる真実として時を同じくしているのだ。ブッダがあるとき、あるところで目覚めたとき、そのときは、その後の数多くの人が目覚めたときと「同時」、蘇東坡が悟ったときと山水が悟ったときとは「同時」。そういう世界でおこる出来事が宗教の出来事なのだから。それを言葉の時空に置きかえて説明するわけにはいかない。

その四。言葉は人間関係の内部で効果を発揮するけれども、その外部、人間と自然のあいだには通用しない。人間と木が対話することもないし、人間と魚、人間と鳥が話しあうこともない。しかし、宗教の世界はそういうことのありうる世界であって、つまりは言葉の届かないところに広がっている。しかし、文法にのっとった言葉ではなくて、音、マントラとしての言葉なら、人間と自然の共通の母胎になるかもしれない。今後の問題である。妙好人の言葉にはいつも名号が称えられているが、ときにはそれが称えられていないときもある。名号を称え忘れたときは名号が聞こえないのだろうか。

とにかく言葉の問題は厄介きわまるけれども、これから述べようとする人生のかたちについてはその間に言葉を介在させることなく、人生と自然を直接させて考えたい。そのためにも、言葉を代表とする文化の衣裳を脱ぎ棄てる。棄てて、言葉なき人になるとはいわないが、まずは、一度は、それを棄てる。言葉なしでボルネオの森の人に対面するように、言葉のない世界のゆたかさを味わう。そうしなければマンダラは見えない。

自分マンダラを描く

フィールド・ワークの経験をとおして、文化人類学の立場から——ひょっとすると宗教の立場からといった方がよいかもしれない——人生のかたちを描く。あるいは描き直す。

これから試みてみたいことは、そのことである。

ここで人生のかたちというのは文字どおりのかたち、厚紙でそれをつくることができる。人生のモデルを象《かたど》り、それぞれの経験にあわせて切りぬき、重ねあわせて、机の上にそれを作ってみたい。そのかたちを単純化して円筒として表現すれば、宇宙のどこからか円筒の子どもが生れ、人生の経過とともに、どのようにも変形しながら自然とともに生き、やがて最終のときを迎えて、再びもと来た世界へ戻っていく。生から死、死から生にいたる一生をかたちの変化として描きだしてみようということである。もっとも、変化のすべてを追っていては収拾がつかないから、ここでは若干の事例をあげて解説することにしたい。

その前に人生モデルに刻みつける経験ということについて要点をふり返ってみよう。といっても要点は一つ。消える経験と消えない経験があるということである。皮膚の表面をすべり落ちていく経験もあれば、からだに痕跡を残す経験もある。ここで経験を刻みつけ、折り曲げ、切りぬくといった経験は後者の経験である。からだのその部分が変質、変形してしまって、入墨のように、鼻や耳にあけた穴のように、切り落した手足の指のように、決して消えることのない経験を取りあげたいのだ。「ああ、野蛮な」などといわないでよく考えて下さい。かれらはそれほどまでにそのときの経験を真正面から受けとめていたのである。からだにくい込んだ悲しみの痕跡を忘れようとしないのである。からだに穴があいてしまって、その穴から空や雲が見える。風が吹きぬけていくのだ。

(1) カシミールのスリナガルに滞在していたときのことである。あるとき、山あいの景勝地パハルガームに出かけた。雪山にかこまれた小盆地に町があり、二つの渓谷が合流して砂礫が堆積し、そのあいだを清流が音たてて流れていた。ちょうどわが国の上高地のような、いや、もうすこし開けた、もうすこし上流部のような眺めの場所であった。すがすがしい気分になって、風に吹かれながら河原の途を歩いていると、はじめは気付かなかったのだが、砂礫の堆積の凹みにジプシーの母子が寄りあうようにして眠っていた。風を避けて、日だまりに身を隠していたのだろう。

私は地理学の出身で、不断に地人関係に関心を集中させている。地と人、大地と大空のあいだの人間のかたちが関心の的なのだ。そういう私にとって、抱きあって、砂礫の凹みに身をひそめているジプシーの母子の姿は驚きであった。人間の原型を見る思いがした。これが、そのときその場での、人間というものの原型なのだと思った。

その場所を通りすぎてから、立ち止まってふたたび振り返ると、私の視線を感じたのであろう、二人は起きあがって近づいてきた。ボロ切れのような毛布を身にまとっていた。何ルピーだったか、ごく自然な気持で、私はさしだした手にそれを渡した。

それまでに何度も、路傍の崖に横穴をつくっている人びとや森のなかの掘立て小屋に住む人びとを見たことはあるが、このときほど驚いたことはなかった。驚きがからだを貫いたように思った。

私は、自分がその砂礫の凹みに身を寄せていたわけでもないのに、何の疑いもなく、自分がそこにいて風をさけ、日ざしの温みをうけとめているかのように思った。ゴツゴツした礫の角が、背中を刺すようであった。半分は人間、半分は自然、その二つが一体化しているようであった。

半分は大地、半分は大空。半分は砂礫、半分は自分。半分は佇《たたず》んでいる自分、半分は谷川の音のとどろき。

そのとき、その場で私のからだに穴があいた。風が吹きすぎた。

その後も、今日に至るまで、パハルガームで見たジプシー母子の姿を忘れることができない。

(2) サラワク州（マレーシア、ボルネオ）の州都クチンからすこし内陸に入ったところにある陸ダヤ族の村を訪ねたことがある。森のなかの道を曲り曲って行くのだが、その途中でドリアンの木の根もとに小屋掛けして暮らしている人に出会った。ドリアンの木の実が落ちるときを待っていたのである。実が熟してドーンと落ちる。その昔を聞きとめて、ソレッと走りよって木の実を採取する。こうして手に入れた完熟ドリアンはとても味がよいのだということであった。

それにしても、枝にのぼって実を落すなり、道具を使って採取するなり、方法はないものかと思ったが、ボルネオではこの方法がかなり広く普及しているようであった。

私は、この話を聞いてショックを受けた。

このとき、村びとは、文化のなかの時計時間によらないで、木の実の時間にあわせて自分の行動を調節していたのである。私はドリアンの味をそれほど好きではないが、濃いクリーム状で、つよい匂いのする果肉の味に魅せられてしまったら、腕にはめた時計の針の動きなど問題にならないのだろう。それはよくわかる。わかっていながら、われわれの文化は自然の味を究めることを許さない。考えてみれば理不尽なことだ。

もう一度考えてみると、われわれの「とき」はどこからどこまでも時計のリズムにしたがっているわけではなく、目に見えない無数の「とき」が人生のいたるところに忍びよっているのだった。それに気づいてみると、自分の「とき」は森羅万象の「とき」のなかにあった。木の「とき」、草の「とき」、鳥の「とき」、イノシシの「とき」と共存しながら、たがいに他を侵さない。重々無尽の「とき」のなかにあったのだ。

文明の「とき」の秩序というのは何と傲慢なものであろう。そのなかの一つの「とき」を自分流に解釈してうけとり、その曲解、誤解の上に生活と歴史をつみ上げて、自分の立場で一喜一憂する。重みのない時間の重量に押しひしがれている。

そう気づいたとき、私のからだに時間の窓が開いた。からだの内部で自己運動をくりかえす時間ではなしに、森羅万象にむかって開かれた自由で透明な時間の窓を持つことができた。からだに穴があいたといってもよいだろう。

(3) 東南アジアのいろいろな民族のフィールド・ワークをしていると、思いがけない事実、習俗、行動様式に出会ってハッと佇み、驚くことが少なくない。自分の足もとから自分にたいして反省を迫られることがしばしばある。今ではそういう出会いだけを楽しみ、それを期待して出かけるので、ノートに沢山の資料を書きとめよう、それで相手の文化・社会を分析し解釈しよう、というような意図は少なくなってしまった。

水田のなか、町外れなどにあって、特別な、しかし調査者から見ればすこし枝葉の茂り具合が濃いと思うくらいで何の変哲もない木立ちの下を通るとき、同行の村びとから「黙って。この木の近くでしゃべってはいけない」と言われたことがある。木のカミが宿っていて、そのカミは騒音を嫌う。やかましい音をたてるとカミが行方知れずになってしまうというのである。カミがいなくなっては困るから、その付近では沈黙する。

人間の言葉がここでは騒音でしかなく、言葉が役に立たず、その使用が拒絶されているということは、これまで以上にもっと深く考えてよいことである。習俗を超えてかれらの世界観の真贋《しんがん》に踏みこまなくてはいけない。

カミと人間とのあいだには、言語をめぐって断絶がある。壁がある。いや、壁がありながら共存している。そういう重層構造をもった世界があるというわけだ。

「聞いてごらん。心地よい音がひびいてくるだろう」。この川の川上にカミが住んでいるのだ。こういう話を聞くことがよくある。カミの空間と人間の空間がたがいに交わりながらはっきりと識別されている。「住みわけ」というのは生物のあいだのルールであるだけでなく、音が住みわけている。色が住みわけている。

この住みわけは人間の側、文化の側からはよく見えない。交りあっている。しかし、カミの側からはとてもよく見える。その、とてもよく見える側を仮にカミの側というので、カミがいなければならないわけではない。音や色の主人公がいればよいのだ。

私の意図は「ああ、それが華厳の世界だ」などといって、問題を経典の方に、言語宇宙の方にずらしてしまわないで、あくまでも森のなか、山水のなかに立ち入って、自分をふくむこの世界を新たに創造することなのである。そこに現代文明の根っこを築き直すことなのだ。

それにはわれわれのからだに数多くの、無数の穴をあけなくてはいけない。からだが森羅万象に融けこまなくてはいけない。

かくかくしかじかの理由だから、こういうふうにすると人間と自然が共生できるから、だから地球にやさしくしましょうというのではなく、われわれのからだの作りそのものを変えたいのである。

二十一世紀に今のような文明が生き残るはずはない。今日の文明はヒューマニズムを装いながら、ひそかに、アジア、アフリカの「未開・野蛮な民族」を切り捨てようとしている。はげしい生存競争の世界だ。

(4) フィールド・ワークのさいの忘れえぬ経験を反芻しながら、その本質を考え直してみる。そうするとそこに――人事の葛藤は別として――自然への無数の窓口ができていることに気づく。知的経験が積みかさねられる、情報カードが蓄積されるのじゃなくて、自分という白いカードに穴があく。カード、いや、人生モデルとしての円筒でもよいが、そこに穴があき、たくさん、たくさんの穴が穿たれ、網目のように穴だらけの筒になり、その網目の向う側に森羅万象が迫っている。窓から自然が見えるというのじゃなく、自然が窓から首をつっこんできて顔をだす。そして、ついにはどちらが内部だか外部だかわからなくなってしまう。自分が主人公なのか、森羅万象が主人公なのか、わからなくなってしまう。

自分がマンダラか、マンダラが自分かわからなくなってしまう。

——ホントのことをいえば、何もそのときを待たなくても、今だって、そこから鳥の目がのぞきこんでいる。ざわめく木の葉のあいだの無数の空がのぞきこんでいる。魚の目が、雲の目がのぞきこんでいる。魑魅魍魎《ちみもうりょう》がのぞきこんでいる。いや、自分がのぞきこんでいる——。

こういう具合に、私としてはさらに、クメール族の火中出産の光景、タイの地方でみた質素な、また豪華な火葬の様子、あるいは諸民族における各種儀礼のなかにひそむ奥深い意味をさぐり、人間と自然との儀礼的遭遇のいくつかを紹介したいと思っていたが、今回は割愛することにしたい。

ここで私の期待していることは、皆さまの力、自分で自分をつくる創造力によって、自分マンダラが動き出すことなのである。「青山常運歩《せいざんじょううんぽ》、石女夜生児《せきじょやしょうじ》」、そんなことはいわなくてもよい。

マンダラの穴ぼこ

イメージという言葉を使いたくないが、ここではわかりやすさに妥協して、しばらくこの言葉を使うことにする。

われわれは二つの人生イメージを描くことができる。

その一は、ごく一般的なもので、人生を生から死にいたる過程、生・老・病・死の不可避の流れと見なす。知らぬ間に生れて、やむをえず生き、泣きながら死んでしまえば、それでおしまい。このごろは臨死体験などが関心をあつめているが、死の間際の意識のゆらぎはとにかくとして、それじ肝腎のあの世、あの世での極楽世界が実証されたわけではないから、まだまだ、頼りない。だからといってこのような常識的で一般的な人生イメージを決して軽く見ているわけではない。やむをえないではないか。

その二は、この小論で述べたような人生イメージである。白紙で誕生する。といっても何処から生れたのかといわれれば、天上の世界、あの世、他界といっておけばよい。生れて、成長して、人生の経験を積んでゆくうちに、自分が自分ならぬもの、森羅万象との親密な、切っても切れない、いや、始めから結びついて一体化しているからだの部分があったことに気づく、その部分がやがて窓となり、鏡になり、目となり、トンネル（穴）となって、しっかりと自然と結びついた空間になるのだ。

このことに気づくと、自分のからだにたくさんの窓ができて、からだが軽くなる。からだとこころが外に開かれる。自分というカード（円筒）に描かれたマンダラが徐々に外にむかって開かれていく。そして死は、自分がすっかり森羅万象のなかに帰っていくことだ。抱き、また抱かれて――。

人間は（紙の）円筒として生れる。円筒に穴があく。穴が多くなって円筒は竹カゴになる。カゴが外に開いて、森羅万象と一つになる。そのとき、からだは消え、こころも消え、たましいは自然のなかに融けこむ。

こういう人生イメージなのである。自分マンダラの生涯といってもよい。

もっとも、より多くの経験と知識を積みかさねるというふうに、それらをからだにつめ込む、重ねあわせる、綴りあわせるというイメージで人生をとらえれば、行くすえは、ミノ虫のようになる。文化と呼ばれる木々の枝葉を綴りあわせ、袋状の巣をつくって、そのなかに住む。羽化して飛び出せばよいが、そうでないとゴミになってしまう。

自分マンダラが動かなくなったら、おしまいだ。

シンクロニシティの空間——因果性と同時性——

吹き矢と小鳥

バラム川上流のケンヤー族の村に滞在していたときのことである。ある日、村から五、六キロのところにあるプナン族の村を訪ねた。プナン族は森の狩猟・採集民で、ふつうは家族ごとに小屋をつくって暮らしているのだが、その村はマレーシア政府の援助によってできたのであろう。ロング・ハウス形式で数家族が一緒に住んでいた。もっとも、家屋は未完成だったから、私は板を並べただけの床に坐って村人の話を聞いた。かれらは狩猟・採集の生活からヤキハタ陸稲栽培の生活に移ろうとして川向うの森を伐採しようとしていた。

目の前の木立のなかで小鳥が囀っていた。雀よりも小柄な鳥。それが枝にとまり、繁った葉のなかをせわしく動きまわっていた。並んで坐っていたプナンの傍に、かれらの手づくりの吹き矢（吹き矢筒）があった。長さ二メートルぐらいの筒で、中空の穴に矢をいれて吹く。吹き矢はかなり重く、両手で狙《ねら》いを定めても、なかなか揺れがとまらない。技術が必要だ。

「あの小鳥にあたるだろうか」、そう、私がいったかもしれない。「あそこに小鳥がいる。ちょっと距離がありすぎるかな」、といったかもしれない。小鳥を射って欲しいわけではなかったが、吹き矢の腕前を確かめたい、と思った。

プナンの男は吹き矢をかまえ、森のなかの一点に狙いを定めて、フッと息を吹いた。頬をふくらませ、顔中の筋肉を口に集中して、息をとめ、一挙に吹き矢のなかに息を吹きこんだ。

矢が一直線に、目にもとまらぬ速さで空中を飛び、的《まと》にあたった。といいたいところであるが、竹を細く削《そ》いでつくった矢は、針金のように空に突きささって、行方知れず。ただ、一刻《いっとき》して小鳥がパタッと地に落ちた。

私は佐々木小次郎の剣の軌跡を追いかけようとしているのではない。

矢の末端には吹き矢筒のなかで息を受けとめるためのヤシの花の綿毛がタンポポのようについていて、これが白線を引いて空中を走ったのだが、あまりの速さに、それも一瞬の幻影であった。

フッと吹き矢に息を吹きこむ。パタッと小鳥が落ちる。

プナンの修練のわざ、その名人芸の一瞬が、時間という流れの内部でおこったのか、外部でおこったのか、見えなかった。

しかし、小鳥は死んだ。

プナンの村を訪ねてから長い年月がたったが、私は何度もこのシーンを思い出し、空を飛ぶ吹き矢の空間にひそんでいるに違いない意味が、気になって仕方がないのである。

フッと吹き矢が飛び、パタッと小鳥が落ちる。

吹き矢を吹くという行為が原因で、小鳥が落ちてくるというのが結果なのだろうか。

フッと吹き矢が飛び、パタッと小鳥が落ちる。

因果律の一こまがここにしめされているのだろうか。

そうではないのではなかろうか。

因果ではなくて、同時。

吹き矢がヒュッと飛んだ。小鳥がパタッと落ちた。

二つの出来事は同時におこった。

二つの出来事の間を飛ぶ矢は見えなかったし、二つの出来事のあいだに時間は経過しなかった。同時だった。

このごろ、共時性（シンクロニシティ）ということが関心をあつめている。[1] 二つの出来事が、因果関係なしに、しかし意味の上では深くかかわりながら、同時におこることを指していうのだ。虫の知らせが現実になる、夢がホントになる、というような不思議な現象をいうが、人の生涯をふりかえってみると因果関係では説明できないこと、偶然の出来事が重なりあっていることがある。偶然なのだけれども、それが生起してみると、とうてい偶然とは思えない。必然の相を帯びているのである。

ふつう、こういう現象のあらわれ方を共時性というが、私は以前からそれを同時としてとらえていた。違う時計をもった二人の異邦人が、偶然、出会ってみたら、二つの時計は同じ時を指していた。というように共時性の背後には時計による計測がある。

しかし、同時は時計にはかかわらない。二つの出来事が時・処を異にしながら、起るべくして起ったのである。二つの出来事はその根っこが一つだったのだ。サクラの花は、遅速がありながら、しかも、同時に咲くのだ。同時に咲く。一度に咲く。一度という、時を超えたところがあらわれること、それが大切なのだ。

――共時性は現象にかかわる。しかし同時性はひとつの世界のあり方なのだ――。

しかし、吹き矢の場合は同時なんかじゃない。いかに飛ぶ矢が速くたって、一瞬、その跡が見えるだろう。そういう意見がでることはもっともである。吹き矢があたって、小鳥が死んだ。二つの出来事は因果律でむすびついているのだ。そういわれるのは当然だ。

しかし、もうすこし考えてみよう。

観察者、つまり私の目がもっとよかったら、飛ぶ矢のありさまをはっきりとらえたに違いない。しかし、私の目が悪かったら、矢はまったく見えなかっただろう。要は観察者の目の能力次第だ。そういう意見もあるだろう。

一方、矢の飛ぶ空間、その距離をどういうスケールでとらえるかという問題もあるだろう。それを無限という尺度に位置づけて見るか、有限の尺度の上で見るか。無限の上に位置づけて見れば、矢の飛距離などゼロに等しいかもしれない。有限の上にのせて見れば、矢は二点間を飛んだのである。

一方の立場に立てば因果、もう一方の立場に立てば同時。形式的にすぎるかもしれないが、そういえないこともない。もし、無限という尺度を自分自身の尺度とすることができれば、そのなかで矢が飛び、小鳥が落ち、風が吹き、木の葉が散ったのである。すでに事々無礙《じじむげ》の世界だといってもよい。

しかし、無造作にそんなことができるはずもないだろう。もうすこし、筋を追って考えてゆきたい。

『荘子』「雑篇」のうちの「天下篇」(第三十三)(2)にこういう文章がある。

鏃矢《こうし》の疾《はや》き、而も行かず止まらざるの時あり。

矢がすばやく飛んでいくのに、進みもせず止まりもしない時がある（矢の動きをこまかく分割すると動とも静ともいえない時があるわけだ）。岩波文庫本ではこう解釈されている。現代風の、わかりやすい解釈だと思う。

これをわれわれの吹き矢の場合にあてはめてみるとどうなるだろうか。

フッと吹き矢に息を吹き込めて吐く。矢が飛ぶ。針金のような矢が空気を突きさく。パタッと鳥が落ちる。

矢は飛んだのか、飛ばなかったのか。

鳥が落ちた。だから矢は飛んだ。

矢は見えなかった。だから矢は飛ばなかった。

矢は飛んだのか、飛ばなかったのか。

矢は因果の矢か、それとも同時の矢か。

矢は答えない。

それなら調査者である私が答えなくてはならない。

——何の役にもたたないへリクツをいっているようであるが、もうすこし待って下さい。とても大事なことをいおうとしているのですから——。

プナン族の吹き矢（筒）

的にあたるということ

それから十年ちかくたってから、私はブータンに行って投げ矢を見た。

ブータンの寺院は城塞のようである。われわれはそこで各種のマンダラを見せてもらった。

空から見下した仏国土のような、方形の城を中心にした国土の精巧で緻密な図があった。仏が中心に坐って隅々を照らしていた。その国土の全体が蓮の花弁の上に開かれているようであった。

六道輪廻図があった。円型の図の外周に、誕生から死にいたり、さらに地獄と極楽をしめす図が描かれていた。ずいぶんリアルな表現で、赤ん坊が生れるところ、辛労の人生の諸相、そして死後の平安と耐えがたい責苦のさまざまが描かれ、それらを通して人生全体に対面するように仕組まれていた。人生とはこういうものだ、見よ、といっているようだった。

もう一つ、時間の動き、二種の天体の運行を描いたものもあった。須弥山を中心に地・水・火・風の輪が赤、白、黄、黒、緑などの色で描かれている。その背景は波。

これらの図を見てから寺院の外に出ると、そこで少年僧が投げ矢をしていた。大木の根方の、まばらに草の生えた斜面に的が置いてある。的は黒の同心円。そこから十数メートル離れたところに少年僧がいて、かわるがわる投げ矢を投げていた。四、五歩、助走してから右腕をふりかぶって矢を投げる。矢はずんぐりした木の軸の一方に矢じり、もう一方に鳥の羽根がついていた。

投げ矢は、小石のように空中を飛び、的にあたり、また外れた。

今度は、吹き矢と違って飛ぶ矢が見えないなどとはいえない。物体が空を横切って草の崖に突きささり、また、的に命中するのだ。

私はしばらくのあいだそれに見とれていた。少年僧の投げる投げ矢の軌跡が空中に弧を描いて飛び、その弧が交叉し、すべての弧が的の近くに収斂《しゅうれん》して落下した。投げ矢は一つ、また一つと的に吸いよせられるように何ものかに向って飛んだのだ。命中することもあり、命中しないこともあった。

投げ矢を見ながら、私は一種不思議な感じにとらえられてしまった。何が不思議なのかわからなかったが、その不思議を持ちつづけて今日にいたったのだ。

飛ぶ矢の運動を、出発点と終着点のあいだに位置づけて考えているのだ。

ここで道元の『正法眼蔵』のなかの「有時」の一節を考え直してみる。本文の前後を入れ替えると、とてもわかり易いように思うがどうであろう。

時は飛去《ひこ》するとのみ解会《げえ》すべからず、飛去は時の能とのみは学すべからず。(3)

道元はわれわれが今、見ている矢、飛ぶ矢を時としてとらえる。飛ぶのは時だ。しかし、軌跡を引いて一直線に走り過ぎていくものだとばかり、そういうイメージだけで、考えていてはいけない。

松も時なり、竹も時なり。

そこにじっとして、百年、千年、びくともしない松も時そのものだし、竹もそういう時の自己表現なのだ。ごそごそと動くこともないし、ヒューッと飛んでいくわけでもない。だから、「時もし飛去に一任せば、間隙《けんぎやく》ありぬべし」で、ヒューッと飛び去ることばかり考えていると、時と時のあいだにすき間ができてしまう。松と竹のあいだ、そこに時ならぬ大気があります、では困るのだ。すき間があったら困る。すき間のない世界に来ているのだから――そこで――。

尽界にあらゆる尽有は、つらなりながら時々なり。

世界が、あるいは宇宙が、すき間のない時でうずめられているのだ。森羅万象にひび割れはないのだ。

最後にもう一言、道元はこういっている。

有時なるによりて、吾有時なり。

こういうふうに時の全貌を見わたしてみると、それがとりも直さず自分の全体なのだ。

時がこういうふうに見えるときは、自分が宇宙と一つになったときなのだ。道元はこの一節をこういうふうに結んでいる。

道元のこの一節を念頭におきながら、ふたたび投げ矢の光景に戻ってみよう。

矢が投げられ、それが原因になって、的にあたるという結果が生じたのか。――必ずあたるわけではなくてたまにあたる――。

そこに因果のシリーズが展開されたのだろうか。

そうではないのではなかろうか。

矢は常に的にあたった。いや、矢は、投げられる前から的にあたっていた。

修行僧がマンダラの前に坐って瞑想する。瞑想がすすむと修行僧とマンダラとが一体になってしまう。修行僧は足を組んで瞑想しているのだけれど、それが同時に、壁に描かれたマンダラの瞑想。暑熱の日々と酷寒の日々に耐えて瞑想し、沈黙し、また語りつづけているのはマンダラ自身なのであった。

そうなってくるとわかるのだが、修行僧はそこに坐って瞑想する以前に、すでにマンダラと一体だったのである。

投げ矢は、空中を飛んで的にあたる前に、すでに的にあたっていたのだ。だから、ちょうど故郷にひきよせられるように、かろやかに、投げ矢は空中を飛んだのだ。

そうではなかろうか。

こう考えた方が、投げ矢の気持が、そして的の気持がよくつたわってくるように思うのだ。思うわけじゃないが、そうなのだ。

金を売って金を買う

こんなことを書いていたら、かつて東北タイの村で調査していたときの光景を思いだした。サムロンタープという駅に列車がとまったときのことである。普通列車だから停車時間が長い。私は窓から顔を出してあたりを見まわしていた。

列車の前方の窓から紐でくくった荷物をおろしていた。プルーと呼ばれるコショウ科の植物の葉で、石灰とビンローとまぜて嚙む。かれらの大好きな嗜好食物の材料だった。ところが後方の窓を見ると、そこでは梱包したプルーの葉を積み込むところであった。同じ物資を前の窓からおろし、後の窓から積む。商売とはそういうものかと思ったが、その後、ときどきこの光景を思い出すのである。同じ列車に、同じ品物を同時に積みおろしする。無駄なことをしている。東北タイの田舎はまだまだおくれている——。そういう感想ではなくて、ギヴ・アンド・テイクという互酬的行為の原型をここに見る思いがしたからである。

面白いというか、身につまされるというか、人生の真実がそこにひそんでいるように思った。

またまた『正法眼蔵』を引用して申しわけないが、こういう一節に目がとまった。「売金須是買金人《まいきんしゅしまいきんじん》」(「夢中説夢」)、つまり、金を売る人は、同時に金を買う人にほかならないということで、これがリムロンタープの経験によく似ているのだ。ここで金を売って、四、五歩行って、そこで金を買う。前後左右、あたり一面金ばかり。金ばっかりのところで売り買いしているのだ。結局は、仏が仏に出会うということであるが、それはもうすこし後の問題にしよう。自分の内部の仏が、そのとき、その場で外部の仏に出会う。

道元はこの一句の前に、「頭目髄脳、身肉手足を愛惜することあたはず」、そこで「売金須是買金人」ということになるのだといっているが、この点にも深入りしたくない、自分のからだである頭や目や髄や脳といった大切きわまるもの、また、身や肉や手や足といった自分にとって不可欠なもの、それらだって愛惜し、いつまでも自分のものだと抱きしめているわけにはいかない。だから、それらすべてを手から放してしまう、棄ててしまうと、そこに、あたり一面金ばっかりの光景が見えてくる。仏ばっかりが見えてくる。

その有様を「夢これ尽大地なり」といってもよいし、「夢中説夢は諸仏なり、諸仏は風雨水火なり」といってもよいことになる。

夢は「因果」の世界ではなくて、「同時」の世界の出来事なのだ。吹き矢の矢も、投げ矢の矢も、「同時」の時空を飛んでいく。金ばっかりの世界を金の矢が飛ぶのだ。飛んだと思ったら的にあたっている。いや、飛ぶ前にすでに的にあたっている。いや、矢が飛んでいくのではなく、的が飛んでくるのだ。

われわれの周囲には因果の世界とともに、同時の世界がひろがっている。有限の世界とともに無限の世界がひろがっている。

ここで、くどいようだが、もう一度、吹き矢の光景に戻りたい。

吹き矢をかまえて、森の小鳥に照準をあわせて、フッと息を吹きこむ。そうすると、フツという一息と同時にパタッと小鳥が落ちる。そういうことであった。

同時のなかの出来事、それは二つの出来事ではなくて一つの出来事だった。

しかし、そうはいっても、理屈は理屈として、小鳥は射たれて死んだのだ。ピーポーピーポーと鳴いて大空を飛んでいたものが、矢に突きさされて死んだのだ。

矢はたしかに的にあたった。しかし、この的は同心円状の作られた的ではない。小鳥なのだ。生きものだ。生死を含む個体だ。

矢は何にあたったのか。小鳥のいのちにあたった。生死のうちの生にあたって、死があらわになったのか。そうじゃなくて、死そのものにあたった。的は死だった。生という衣裳をつけた死が顕在化した。生という名の衣裳が落ちて、死が重力に身を委ねた。

死に向う飛行

プナンはこんなことは考えなかったかもしれない。森のなかを先祖代々の生き方にしたがって、サゴ椰子を尋ね、鳥獣を追って、森羅万象のなかで森羅万象のしめす徴候に気づきながら、その徴候の指示するままに生死をくりかえしてきただけかもしれない。フンドシ一張の裸身をさらしながら、自分の皮膜一枚によって自然と触れながら、自然と息をあわせて暮らしてきた。生活は貧しく、文化は低い。

しかし、ひょっとすると、かれらは古今の哲学者以上に哲学的で、傑出した宗教家以上に宗教的だったのではなかろうか。すくなくとも私はそう信じて疑わないのだ。

死はプナンの友だちだった。

そこで前段に戻るのだが、プナンの矢は小鳥の死に照準をあわせていた。プナンの矢は死の一点にむかって飛んだ。いや、死がプナンの矢を呼び寄せた。小鳥のなかの死だけじゃない。小鳥の死の向う側にひろがっている闇が、死の世界が、矢を呼んだのだ。

死が森のなかから足音をたてずに忍びよってきて、プナンにささやいた。プナンを包んだ。

プナンはほとんど無意識に、吹き矢を吹いた。死がプナンと小鳥を包んでひろがった。

——こんなことをいうと、おまえは自然保護を考えないのかというだろう。それはそうだが、自然の生を考えるだけでなく、同時に自然の死も忘れてはならないだろう——。

小鳥はいつも死に向って飛んでいたのだ。

いや、小鳥だけではない。人間だって同じだ。すべての人間は死に向って飛行中だ。われわれが勉強している人類学のなかの大切なテーマに通過儀礼がある。冠婚葬祭というか、誕生から死にいたる宗教儀礼を研究するのだ。一つの状態から別の状態に移る過渡の研究である。

ところが面白いことは、通過儀礼のすべてが死とかかわっていることである。死んで生きる。死から再生する。儀礼のなかで、われわれは決して死に背を向けてはいないのだ。死に出会うことが喜びだったのだ。

赤ん坊が生れる。それは、親族の喜びである。しかし、赤ん坊自身は、そのときから、死に向って、死の世界を目指して、一直線に飛行しはじめるのだ。

ふるさとを出て、ふるさとに帰る。

死のなかから生れ、死のなかに帰る。

生れたばかりの赤ん坊を祝福しないで、不吉なことをいおうとしているわけではない。赤ん坊が空中を飛んで、まっしぐらにそこに向っていく死の世界、そこはそんなに悪い世界じゃない。

まだ、よく見えてこないのだが、そこはそこなりに魅力のある世界ではなかろうか。死のなかに自然があり、人生がある。そこで生きものたちが暮らし、森羅万象があやしく、生き生きと光っている。そこで数々の出会いがある。

そこは「同時」の世界なのだ。

「同時」という違った時に包まれた世界なのだ。

吹き矢の矢も、投げ矢の矢も、この世界のなかで、こういう世界に向って飛んだのだ。

ただし、因果の世界と同時の世界はおたがいに関係のない、離ればなれの世界じゃない。二つの世界は、方位という一点においてかかわっている。矢は必ず的を目ざさなくてはならない。ながえを北にして越（南）に向う、というのはどうしようもないことなのだ。

「じゃあ、その方位はどこ」、と現代人はすぐ訊きたがる。しかし、ほかのことはとにかく、それだけは訊いてはいりない。自分で小鳥を見つけるのだ。そうでないと人間がロボットになってしまう。機械宇宙のなかの機械の部品になってしまう。

仏教ふうにいえば、その方位は菩提樹の方向だ。菩提樹の下に誰がいるか、そこに行ってみなければわからない。

このあいだ、『親鸞の世界』(4)という本を読んでいたら、こういう文章(座談会の記録)に出会った。

　阿弥陀が正覚を成ずる時機は、こっちが正覚を成じたと同時にあるんだと。それだからその、そのときに、自分が正覚を成じたときは阿弥陀が正覚を成じておるのみならず、山川草木悉く、成仏すると。で、そのときに、親鸞聖人の、わし一人のために阿弥陀はいろいろ苦労せられたと、こういうが、その実、親鸞聖人一人じゃないんだ、みんながその時に悉皆成仏しているんだね。(鈴木大拙)

これが同時の世界である。

始めと終りがつながっているのである。始めが終りで、終りが始め、そのあいだに無時という不思議な時が折り込まれているのだ。日本の扇子のように、たたみ、また、開かれる時——。

同時の世界を比喩的に大洋といってもよい。

草葉のかげのあの世

私が地理学専攻の大学院生であった時、そのある夜、哲学者の西田幾多郎先生の三周忌

――一周忌だったろうか――記念講演会がひらかれた。京都御所に近い当時の鴨沂《おうき》高等女学校の講堂だった。秋、すこし寒かったから十月頃だったろうか。講堂は満員だった。

私は当時、そして今も哲学には門外漢だし、西田先生といってもお名前だけで、後姿を見たこともなかった。しかし、東洋的な哲学という評判にひかれてそこに出かけたのだと思う。

講師は二人、その一人が鈴木大拙だった。

最初の講師が一時間あまり話し、つづいて鈴木大拙が登壇した。着ものを着ていた。壇にのぼって、しばらくもじもじしていたが、突然、「困っちゃうなー」といった。子ども時代からの友人が亡くなると、困ってしまう。そういって涙をながした。講堂にいっぱいになって、立っている人さえいる聴衆の前で涙を流す人を私は初めて見た。

やがて懐から小型本の『西田幾多郎歌集』をとり出して読みはじめた。読みながら感想をつけくわえるのだった。

愛宕山に沈む日を歌った歌をよみくだして「西田はこんなことを思っていたのかなー」といった具合である。

一通り歌集を読み終って、しばらくして、突然、こういった。

「昔の人は、草葉のかげにあの世があるといったが、ほんとうだなー」と。

私はハッとして、あたりを見まわすと、そこは満員の聴衆なのだけれど、そこにわが家の夜の庭が重なり、目のまえのサツキの傍の下葉の葉の裏に、何ものかが明滅しているように思った。そう記憶しているのだけれども、当時、私は今のこの家にいたわけではない。どこかに下宿していたのだ。そうすると、夜の庭の光景が時・処を超えて移動しながら、私の目の前にゆれ動いていたのだろうか。

草葉のかげにあの世がある。

それはほんとうだ、とそのとき同感し、今も、やっぱり、同感している。

庭さきのそこにある草葉が、ただの草木の葉っぱじゃない。ここのところがアニミズムである。草葉にカミが宿るのである。

その草葉のかげにあの世があると、カミが言葉に転じたところはシャーマニズムである。アニミズムとシャーマニズムで宗教の発端――そして終着点――が尽くされている。

シャーマンがカミに憑かれて踊り、あらぬことを口走る。天上のカミの言葉を伝えるといって、わけのわからないことを語る。しかし、シャーマンを取りかこむ人びとはそれで救われてしまう。シャーマニズムはアニミズムを出発点として、その上に築かれた宗教だと人類学者はいうが、それはまあ、その通りであろう。

ここのところを拡張解釈して、アニミズムは禅に近く、シャーマニズムは浄土教に近いというと、もちろん、反対者は多いだろう。しかし、それにもかかわらず、よくよく考えてみれば、やっぱりそうではなかろうか。

それがすべての宗教の土台なのだ。

――アニミズムとシャーマニズムは原始宗教で、禅と浄土教はいうまでもなく仏教という世界宗教のそれぞれの一派だ。両者の相違は天と地ほどもある。未開人の宗教と長い歴史と伝統を背負って高度に発達したわれわれの宗教をゴッチャにしてはいけない。そういう声がはげしく聞こえてくる。しかし、しかし、そんなことをいっていいのですか。未開人は未開で、未開人の宗教は邪教ですか。それは低級きわまる呪術にしかすぎない。そんなことをいっていいのですか。もしそうなら、なぜ、未開人の宗教をあなたの宗教のなかにあたたかく包みこもうとしないのですか。それができないから切捨てご免にしてわが身を守ろうとする。それでいいのですか。

宗教を対象的に、自分を外に置いて、見てはいけない――。

アニミズムというのは、これまでくりかえし述べてきたように、ハッと驚いて、立ちどまる。これはただ事じゃない。不思議だ。ここに人間の文化を超えたものが露出している。カミだろうか。奇妙な経験だ。ひょっとすると、自分が自分に出会ったのだろうか。何となくこころが落ちついてくる。

そういう経験・事実と、その解釈の伝統に名づけられた名まえである。その経験そのものへ向う方向性を失うことがなければ、その経験をカミと呼んでもよい。しかし、その経験の文化的解釈の方向が肥大していくことになると、それはアニミズムと呼ばれる未開宗教になってしまう。私は前者を新アニミズム、あるいはネオ・アニミズムと呼んで後者から区別してきたが、今は新旧を含めてアニミズムと呼ぶことにする。自分としてはどこまでもホントのアニミズムを目指すけれども、宗教形態の呼び名としては真偽を含めて呼ぼうというのである。真を含む偽は、やっぱり、真といわれなければならないから——。

さて、道元は次のようにいっている。口語自由訳でしめす。

仏教経典を読んでいるうちに、読んでいる自分のからだとこころ、つまり、皮・肉・骨・髄がどういうものかということがわかってくる。そうすると、自分のからだとこころが共に脱落してしまって、そのとき突然、桃の花が自分の眼玉にぶつかって咲き、竹にあたった石の音が雷鳴のように耳の底から聞こえてくる。このようにして経典の文字にしたがって学んでいると、同じ経典が違って見えてくる。その新しい経典というのは、尽十方界、つまり宇宙全体、山河大地、つまり世界のすべて、草木であり、自分であり、あなたである。ご飯をたべ、衣裳をまとい、立ったり、坐ったりするときの身のまわりのすべてだ。こういう一つ一つの経典にしたがって学んでいくと、未だ見たことも聞いたこともないような経典が、いく千万巻とも数えられないいくらいに出現し、目のまえにくりひろげられるのだ。(「自証三昧」『正法眼蔵』)

これは道元がホントのアニミズムを解説してくれたのではないだろうか。これがアニミズムなのだ。未開人などと呼ばれている人びとは、いつも、生死の境目に立って、血を流しながら風景を見ていたのだ。そこにアニミズムのカミが明滅したのだ。

禅問答というものがある。

師匠と弟子が問答する。その問答のなかで弟子は自分に目ざめ、師匠はそれを承認する。そういうユニークな形式である。

Aが問い、Bが答える。

でも、本当は、Aが問い、Aが答える。

Bが問い、Bが答える。

その二つの問答が一致するのだ。

その一致するところがアニミズムの誕生するところだ。経典はいらない。

だから、禅仏教とアニミズムは同じところを指向している。たどり着けば同じ場所だ。

浄土教とシャーマニズム

アニミズム経験を共有するには、もう一つの方法がある。

それはこの経験を言語化することである。トカゲのカミ、カラスのカミ、山のカミ、木のカミなど、それらとの出会いの不思議をカミと呼んで伝えるのだ。ただ、やみくもにカミと呼ぶのではない。稲のカミは稲のいのちにひそむ不思議に対面し、それに命名したものだ。米倉の稲モミを出発点として、田んぼに出て生長し、土と空と鳥たちと共生し、刈りとられて自らの一部を人間にあたえ、残ったモミが再び田んぼに出ていく。稲の生涯をそのごく近くにいて見ていると、そのなかに不思議を感じないわけにいかない。その不思議に感動してしまうことがある。稲でも、人間でもないものが、そこに現前していることを直覚する。それを、そのときカミと呼んだのだ。稲にあらわれたカミだから稲のカミと呼んだ。不思議が文化のなかに足跡をとどめようとしたのだ。

カミは同時の世界がわれわれの世界に触れた、その接点の出来事である。

同時の世界の出来事だから、一つとも多数とも数えられない。扇子のひだのようなもので、一つでもあり、多数でもある。

同時の世界をあの世といってもよい。そうすれば稲を栽培して働く農民の世界はこの世である。この世は因果の世界だ。この世をオモテ、あの世をウラといってもよい。しかし、ウラがオモテを支えているのだ。

二つの世界が同時に見える。それが目ざめのときだ。その場所が菩提樹の下だ。

二つの世界をカミという言葉がつないでいる、といってもよい。それをカミと命名したとき、二つの世界の交流が始まる。問えば答える。問い、かつ、答える世界があらわれるのだ。

シャーマニズムという宗教はこういう構造を持っている。シャーマンがいて二つの世界を仲介するのだ。天上の神の言葉を地上の人びとに取りつぐ。それが普通の人にはできにくいからシャーマンと呼ばれる霊能者がその役割を受けもつのだ。

シャーマンはいい加減な、あやしげな言葉を語っていると思われるかもしれない。しかし、いい加減でもいいのだ。無心になって踊り、水をかぶり、火を呑み、やさしいこころになって村びとの悩みに耳をかたむける。それでよいのだ。言葉は吸う息、吐く息のたてる音だ。風の音と同じだ。

現代人はシャーマニズムは未開宗教だと思っている。シャーマニズムにもいろいろある。あやしげなものもあるだろう。しかし、たとえあやしげでも、海岸の砂のなかの一粒のダイアモンドのように、一真実を宿していないとはいえない。

それは未開宗教かもしれない。しかし、アニミズムとともに、それはすべての宗教の原型なのだ。

原型としてのシャーマニズムは、何となく浄土教に似ていないだろうか。

「つつしんで浄土真宗を案ずるに、二種の廻向《えこう》あり。一には往相《おうそう》、二には還相《げんそう》なり」という。親鸞が一生かかって、考え考えしながら書いた著作『教行信証』(5)の冒頭の一句である。

だから、浄土教はシャーマニズムと同じだというわけではないが、少なくともその根っこは共通なのだ。また、共通でなければ困るだろう。あるとき、あるところで突然誕生した宗教というのはおかしなもので、それが今日の、アジア・アフリカの山間僻地に住んで畑を耕し、鳥獣を狩している人のこころと通じていなければいけない。われわれがこの世とあの世からなる一つの世界に住んでいるという点、そういう構図は共有なのである。それがそうだということを、草・木・虫・魚の存在が証明してくれているのである。

だから、それから先は一人ひとりが真剣に考えればよいことである。稲を育て、鳥獣を射つ。育てられ、射たれる。それが廻向ではなかろうか。

あまり勝手なことをいってもいけないので辞書の説を引用しておきたい。

曇鸞(他力の信心による浄土往生成仏を説いた、四七六―五四二年ごろの人)は、回向には、往相・還相の二種があるとし、功徳を一切衆生に振り向けて共に往生せんとするのを〈往相廻向〉といい、一たび浄土に往生した人が、そこに留まることなく、輪廻《りんね》の世界にもどって、一切衆生を浄土に向わしめることを〈還相廻向〉と名づけた。

これに対して親鸞は、往相、還相ともに、回向の主体たりうるのは阿弥陀仏のみであるとし、衆生の側からの自力による回向を否定した。（『岩波仏教辞典』）

ただし、どんな宗教、たとえばシャーマニズムだって自力で神に会おうとはしないのである。念のため付言しておく。

私のいいたいことは、どんなに高級な宗教だってその根っこはアニミズムだ。だから自分の土台を自分で崩すようなことをしてはいけないということ。また、ブッダだけが覚者ではなく、プナン族のひとも、イバン族のひとも覚者だということ、そのどうにもならない矛盾、つまり自分の側の無知に直面しなければならないということである。

ジグソー・パズルをバラバラにして、もう一度、組みなおす。そうして出来た図柄はもとの図柄と同じ。そんなことをしていても始まらないではないか。

柳田国男のヒヨドリ体験

どんなに、そのまわりを回っても、なかなか中心にいたらない。

中心というのは目覚めということだ。

そこにいたらなければアニミズムの原点はとらえられないし、シャーマンの跳躍もその土台を失うことになる。それが理屈ではわかっているのだが、そのとき、あなたは何処にいるのと訊かれると、返答に窮してしまう。

自分は悟ったといったらおかしなことだが、自分は凡夫だといえば飾るなといいたくなる。ともに自分をかくしている。

どうしたらよいだろうか。

どうにもならない。

柳田国男の『故郷七十年』(6)を読むと、そのつど、驚いてしまう。驚くことは多いがその第一は日本民俗学という学問の厖大な領域、全集で三十巻と別巻五巻におよぶ広大な民俗世界のすべてが、実は柳田さんの自伝だったということ、それが幼少年期の経験に収斂してしまうということ、また、今度は逆に幼少年期の経験をくりひろげてみると、そのままで、そこに日本民俗学の全容がそびえているということであった。柳田さんのお弟子さんから、柳田さんを継ぐ人びと――それだってたいへんな勉強家が多いのだが――の本を十冊読むより、柳田さんの本を一冊読んだ方が面白いし、ためになるという言葉をきき、なるほどと思っていたが、『故郷七十年』を読むとそのわけがよくわかる。ズズ玉の話も、狐の話も、嫁盗みの話も、コケシ人形や河童のことも、その他もろもろの民俗のテーマがすべて経験にもとづいていたのである。これは驚異だった。自分を語ることが学問を語ることだったのだ。

もう一つ、たいへん驚くことがある。それはあの広大な、雑多とも見える民俗学のそれぞれの分野を、あるがままに受け入れる受け皿が用意されていたことである。それが自伝のなかにちりばめられた不思議な経験なのである。民俗のすべてを学問のある立場によって受けとめることはできない。それには学問と無縁の恍惚、あるいは忘我の時がなければならない。

「神隠し」という文章がある。

その一部に次のように書かれている。

「ある時私が昼寝からさめて、母に向つて『神戸に叔母さんがあるか』と何度も何度も聞いたらしい。母が面倒臭いので『あゝ、あるよ』と答へたところ、昼寝してゐた私が急に起き上つて外に出て行った。神戸に叔母なぞゐなかつたのに、何と思つたか私はそのまゝとぼ〳〵歩き出して、小一里もある遠方へ行ってしまつた」。「四つの年のことであつた」というのである。

小一里（四キロ弱）ほど歩いたところが開墾場になっていて、そこに隣家の夫婦がいたから連れ戻ってくれた。もし、その夫婦がそこにいなかったら、もうそれっきりになっていたに違いない。

こういう思い出である。

また、そのあと、東京に出てきて、千葉県の布川という町にいたときの回想――「ある神秘的な暗示」が記録されている。その家でよく本を読ませてもらっていた隣家の中庭に、小さい石の祠があった。その家のお祖母さんを屋敷の神様として祀ってあったのだ。

十四歳のときだったという。人のいないときに、こっそり、そして恐る恐るその扉を開けてみたという。そこに綺麗な蠟石の珠が一つ入っていた。

「その美しい珠をそうつと覗いたとき、フーッと興奮してしまつて、何ともいへない妙な気持になつて、どうしてさうしたのか今でもわからないが、私はしやがんだまゝよく晴れた青い空を見上げたのだつた」。空には星が見えた。数十の星だったという。昼間見えるはずがない星が見えた。

「そんなきれいな珠があつたので、非常に強く感動したものらしい。もしもだれかそこにもう一人、人がゐたら背中をどやされて眼をさまされたやうな、そんなぼんやりした気分になつてゐるその時に、突然高い空で鵯《ひよどり》がピーッと鳴いて通つた。さうしたらその拍子に身がギュッと引きしまつて、初めて人心地がついたのだつた。あの時に鵯が鳴かなかつたら、私はあのまゝ気が変になつてゐたんぢやないかと思ふのである」。

これも不思議な話である。また、こういう不思議な経験を八十歳をすぎて思い出して語る柳田さんという人も、何とも、容易ならぬ人、昔風にいえば「端倪《たんげい》すべからざる人」である。

日本民俗学の全領域をこの不思議な経験が支えていたのだ。ピーッと鳴き渡ったヒヨドリの声が支えていたのだ。

ホトトギス、鳴く

今度は、さかのぼって道元の経験に目を転じよう。

『正法眼蔵』のなかの「諸法実相」の巻の一節である。

道元が中国に行って天童山の如浄《にょじょう》禅師のもとで修行していたときのことである。ある夜、如浄が弟子たちを集めて説法した。昔、大梅の法常禅師が蓮の葉っぱを衣服とし、松の実をたべて修行にはげんだ故事、また、ブッダが弟子たちとともに雨安居《うあんご》、つまり雨季のあいだ室にこもって修行したということが話題になった。

そのあとで入室、つまり僧が一人ずつ師匠のところにいって自分の見解を披露したのである。道元もそのなかに加わっていた。

師匠の如浄禅師は右手で自分の坐っている椅子の右側をトンと打って、「入室すべし」

といい、声をあらためて「杜鵑(ホトトギス)、鳴く、山竹、裂ける」といった。ホトトギスがキョッキョッと、あるいはピピピと鳴きわたる。山に生えた竹が、バリッバリッと音たてて裂ける——。

僧たちはこの言葉を聞いて沈黙し、何事かにたいして恐怖を感じた。

これがその夜の道元の忘れがたい経験であった。

そして道元は日本に帰った。

それよりこのかた、日本寛元元年癸卯《きぼう》にいたるに、始終一十八年、すみやかに風光のなかにすぎぬ。天童よりこのやまにいたるに、いくそばくの山水とおぼえざれども、美言奇句《びごんきく》の実相なる、身心骨髄に銘じきたれり。かのときの普説入室は、衆家おほくわすれがたしとおもへり。この夜は、微月《みげつ》わづかに楼閣よりもりきたり、杜鵑しきりになくといへども、静閑《じょうかん》の夜なりき。

その夜の深い感動が年月をへだて、場所を異にしながら、私のうちにもひしひしと伝わってくる。

そこで考えるのである。

われわれは同時のところにいるのではなかろうか。いや、われわれなどと、自分を含んではいけないかもしれない。

道元にとって、中国の夜と日本の夜のあいだに距離はなかった。

その時と今のあいだに時間もなかった。

「あの夜」というべきところを「この夜」といっているではないか。

如浄のいったホトトギスの声という言葉と、道元が夜の闇のなかで聞いたホトトギスの声は同じ声だった。

言葉が経験そのものを直指していた。

言葉は記号なんかじゃなかった。

こう考えてくると、道元が聞いたホトトギスの声と、柳田さんが聞いて自分のなかの狂気を感じたヒヨドリの声と、違うのか同じなのか。

同じではなかろうか。

一方は悟道のあかし、一方は少年時代のまぼろしの声。

違うといえば違うが、実は、同じじゃなかろうか。

悟道というと、その境地を手の舞い足の踏むところを知らずなどと表現する。しかし、手の舞い足の踏むところを知らずという表現以前に、静かな夜の闇を破って鳴くホトトギスの声を聞いているのだ。ピーと鳴くヒヨドリの声が聞こえたのだ。

ピーと鳴く声がピーと聞こえた。

キョキョキョと鳴く声がキョキョキョキョと聞こえた。
そのままに聞こえた。
私にとって悟りはどうでもよい。これをアニミズム経験と呼びたいのだ。
人間の宗教と文化が、そのすべてが、この声の上に構築されているといいたいのだ。
悟、不悟を区別することはない。
すべてが悟、すべてが不悟。
山河大地のすべてが悟、不悟を含んで明滅しているのだ。
そうだ。
私だって今夜あたり、鳥ならぬ虫の、コオロギの声を聞きたいものだ。

同時の時空をひらく

われわれのまわりには二つの時空がひろがっている。その一は因果の時空、その二は因果にかかわらない時空である。これを科学の世界と宗教の世界といってもよいし、有限の世界と無限の世界といってもよいだろう。

今日の状況をみると、われわれの行動はどこからどこまでも因果関係の網目によってがんじがらめにされているように思われる。生死の葛藤を解きほぐしていくと、そこに大小の因果関係がもつれもつれていたり、互酬性の歯車がキチッと噛みあわされていて身動きできないことがわかってくる。科学技術だって、今のところは人間と自然のかかわり方を制禦し、それを管理するにとどまることが多く、その向う側にひらかれているはずの風通しのよい世界に連れていってくれるかどうか見通しが立たない。

一方、因果にかかわらない世界、ここでいう同時の時空は、それが確かにあることを実感するのだが、ここにある、そこにあるといえないのがつらいところだ。並の人でない、シャーマンのような人だけが、自由にそこに出入りして、奔放に、そして天衣無縫に振舞っている。

もちろん、われわれだってそういう世界に入ってみたい。しかし、それがどうにもできにくいのだ。入口がどこにあるかわからない。宗教のガイド・ブックを読んでも、文字の上でその部屋の門前に連れていってくれるだけで、肝心の扉のカギを手渡してくれるわけではない。

それにしても、いったい、二つの時空はどういうふうに配列されているのだろう。煩悩の海、生死《しょうじ》の海などというところをみると、因果関係に支配されている広大な海があって、そのなかの島のように別世界がある。そこにだけは同時という時空がひらかれている。こういう構図でよいのだろうか。

それとも反対に、同時という海、その果てしのないひろがりのなかに因果という島が浮んでいるのだろうか。因果の島などといっても、このごろのことだから海岸を埋め、松林を取りこわし、人工の陸地をつくっているかもしれない。そこに都市ができて、島が大陸になっているかもしれない。どこからどこまでも、文明に汚染されようとしているのだ。

いずれにしろ、人間は二つの世界のあいだに浮んでいる。浮きつ沈みつ、右往左往しているのだろうか。二つの世界を、この世とあの世に置きかえて考えれば、人間はこの世とあの世のあいだにいて、いつまでも迷悟をくりかえしているということになる。

——二つの時空が、もともとは一つなのだというなら、われわれはすでにその中にいて、そこを目ざしているという滑稽な、いや、悲しいことになってしまうのだけれども——。

それはそれとして、われわれはいつも身のまわりの窮屈きわまりない世界にいるのだから、問題はどうしたらそこに泳ぎつくことができるか、因果にかかわらない、同時と呼ばれる時空の扉をひらくことができるか、この一点にかかわっている。

この節のなかで、私はブータンで見た投げ矢のありさまを書いた。投げ矢が空中を飛んでいく。的の一点を目がけて飛翔する。

そこのところを簡単に振り返ってみたい。

投げ矢を投げる。向うの斜面にたてかけられた同心円の的を目がけて、四、五歩走って

ネパールの寺院の門

シャン族の呪標、ターレオ

から腕を振りあげ、パッと矢を放つ。矢は一直線に空中を飛んでパッと的にあたる。ここのところを私は、矢は投げる前から的にあたっていたといったのだ。おかしないい方である。こんなことが通るなら、人生苦しむことはない、と思う人も多いだろう。いや、誰だってそう思うに違いない。しかし、ひょっとすると、ここに人生という迷路のホントの入口があるのではなかろうか。この入口を見失ったら、いつまでたってもどうどう巡りで、迷路からぬけ出せない。

この節のはじめのところを書き終ってから、念のため『日本の弓術』(オイゲン・ヘリゲル、柴田治三郎訳、一九八二年、岩波文庫)を読み直してみた。ドイツ人のヘリゲルさんが日本に来て、阿波研造という弓術の先生につく。一九二四年のことである。異文化のなかで、はじめは驚くことばかりだったが、かれはもともと哲学の先生だったから次第次第に日本文化にしたしみ、仏教風の考え方にも馴染んでいった。

「的を狙ってはいけない。弓を引いて、矢が離れる時を待つ。そうすると、的が近づいて来る。的が自分と一体になる」。弓の先生はそういったというのである。弓を射ることは自分自身との対決だ。矢は自分の手を離れて、自分という的にあたるのだ。それは中心から出て、中心に入る。「矢の飛んで行くさきはブッダなのだ」。先生はこうもいったという。

実は、ずいぶん前にこの本を読んだことがあるのだが、今回、十数年ぶりに読み直してみてびっくりした。面白かった。

的であるブッダが、自分の本質としてのブッダに近づいてくる。いや、そのブッダはすでにここにいる。それなら、矢はどこに飛んでいくのか。

吹き矢をふくプナン族の男と、矢を投げるブータンの少年僧と、マンダラの前に坐って瞑想する修行僧と、それを見ていた私と、この本のなかの弓道の先生とヘリゲルさんと、時・ところを隔てて同じ世界にいることがわかったからである。われわれは同時という時空のなかにいた。

こんなことを書いて仏教の教えを解説する。そんなことを考えているわけではない。私はこういう世界がいつも、すぐそばにあるといいたいのだ。修行者だけに開かれた世界ではない。子どもにも、大人にも、老人にも開かれている世界、それはもともと、すべての人間に内蔵されている世界だといいたいのだ。

子どもがブランコに乗る。ブランコから下りて「ああ、たのしかった。こころがスーッとした」というかどうか知らないが、実は、ブランコに乗る前に同じ気分を味わっていたのだ。ブランコをこぐ度にからだが空中に投げあげられて、いっとき、地球の重力から自由になって、空に吸いこまれるような、浮遊感覚を味わう。一瞬、自分は鳥かもしれないと思ったりする。子どもはブランコに乗る前に、すでにブランコに乗っていたのだ。「イナイ　イナイ」といって障子の向うに隠れ、「バー」といって、そこから顔を出す。赤ん坊と母親のあいだには、もともと、半透明の障子ならぬ不思議な空間がひらけていたのだ。親から子が生れるのか、子から親が生れるのか。親と子が同時に誕生するのか。親と子のあいだには、因果だけでは解けない不思議な時空がひろがっていたのだ。

モーターバイクに乗って高速道路を疾走する。アスファルトの路面が矢のように飛び去っていく。そのときドライバーは、ひたすら、前輪のまえ一メートル四方の空間を凝視している。そこに落ちている小石を撥ねてバランスを崩すと、車は転倒、人は死ぬ。ドライバーと一メートル四方の空間は、一つの生命をわけあっていたのだ。かつて学生から聞いたこの話が今も記憶に残っている。

一メートル四方の空間は凝縮された大地である。大地が人間のいのちを支えていることは、モーター・バイクに乗る前からわかっていたことだ。

花瓶にバラの花を投げ入れて絵を描く。これから絵を描こうとするのだが、絵はすでに出来上っている。描き終ったときに訪れるべき感動が、描く前に画家を襲ったのだ。

極楽浄土の時空

このごろ、死の間際の異常な体験、つまり臨死体験が注目をあつめている。死のこちら側にいながら、死の向う側に行って花園をさまよい、海辺をゆき戻りし、死者たちに出会うという経験が数多く語られているのだ。あの世への途を半ばまで歩き、思いなおしてこの世へ引き返してくるというのである。

途中で引き返したのではあるが、それらの体験によって死後の世界の実在は確かめられたのではないか。やがて、浄土の存在を実証することができるに違いない。

臨死体験をこのような文脈で理解するわけである。

私は、こういう体験をとやかくいうつもりはない——じつは、いったけれども——。

（山中康裕ほか『人間終末の風景』一九九三年、大阪書籍）

私のいいたいことは、そういう体験がなくても、確かにあの世に行けるということなのである。あの世、浄土、あるいは極楽浄土に向って飛ぶ矢は、われわれの手を離れる前に、すでにそこに到着している。ここがそこだ。同時だ。こういいたいのである。

そのさい、大切なことはただ一つ。矢を正しくその方向にむけることである。

こういうことを書きつらねていると、自然に、われわれの考えのなかに法然上人のお考えが思いだされてくる。周知のように、『選択集《せんちゃくしゅう》』に述べられている法然の方法は、まずは、すこぶる明快である。こういっている。

それ、速かに生死《しょうじ》を離れんとおもはゞ、二種の勝法（すぐれた教えの方法）のうちに、しばらく聖道門（自力の道）をさしおいて浄土門（他力の道）に選入すべし。浄土門に入らんとおもはゞ、正雑二行（あの世にみちびくさまざまな道のうち、本道とわき道）のうち、しばらくもろもろの雑行（わき道の教え）を投げすてゝ、選じてまさに正行（本道）に帰すべし。正行を脩せんとおもはゞ、正助二業（近道とまわり道）のうちに、なほし、助業を傍らにして、選じてまさに正定（業）を専らにすべし。正定の業（かならず目的地にたどりつく道）とは、すなはち、これ仏名（アミダ仏）を称するなり。み名を称すれば、必ず（浄土に）生ずることを得。仏の本願によるが故なり。

法然は二分法にもとづいてわかれ途の一方を捨てて、一方をとることをすすめる。まずは聖道門、つまり禅のように自力によって階段をあえぎあえぎ上っていく途じゃなくて、浄土門、つまりナムアミダブツといって、阿弥陀仏のところにまっすぐ通じている途をえらぶ。次には、そこで礼拝、称名、読誦などの正しい呼びかけをもっぱら行って、その他もろもろの修行、つまり手の込んだ技巧をかえりみないことを教える。また、同じ正行のなかでも、もっぱら称名に打ちこむことが大切であるとされる。つまり、繰りかえし繰りかえし仏の御名をとなえて、自分の方位を失わないようにする。そうすれば、必ずや、念願の極楽浄土に到達することができる。それは疑いないことである。

こういうわけで法然は、まずさしあたって、二つの道のうちの一つをえらび取ることをすすめるのであるが、行程の最後のところまでくると、道は一つしかないことに気づく。そこでナムアミダブツと称名念仏の声を高めて行くと、いつの間にか浄土に到着している自分に気づく。そこのところ、最後の一こまは不思議というより外はない。この不思議がアミダブツの本願の世界ということになる。

不思議だから、どうにも説明のしようがない。

さて、アニミズムの話をしているつもりが、いつの間にか仏教のなかに迷いこんでしまった。ひょっとすると、仏教はアニミズムの発達したかたちなのだろうか。そんなことをいうと叱られるだろうが、少なくともアニミズムが土台になっていることはウソではない。それは確かなことだ。

「こころは蛇蝎《ダカチ》のごとくなり」という。ダカチの振舞いはホントに困ったものだ。しかし、ヘビ、サソリそのものが悪いわけじゃない。ヘビが竜になったり、サソリが星座になったりすることもある。人間の側から見れば悪のシンボルかもしれないが、ヘビ、サソリの側から見れば、自然《じねん》で、そのままである。その一点に、その一点と人間との出会いにアニミズムを読みとることもできるのだ。

仏教よりもアニミズムの方が古く、ブッダの悟りよりも、ヘビ、サソリの存在の方が本源を指示している。

話をもう一度、本筋にもどしたい。

こういうことをいいたいのだ。

アミダブツの方向をむいて、その名を称える。的の方向をむいて弓を引きしぼる。矢を放さなくてもよい。そうすれば的の方が近づいてくる。浄土の方が近づいてくるということ。

これが宗教の時空である。そこはまた同時の世界で、そこに不思議の場が成立しているのだ。

聖道門の立場、たとえば禅ではこういうだろう。浄土と穢土、天国と地獄はここにある。この世のなかにあの世があり、あの世のなかにこの世がある、と。それはその通りだが、これまで考えてきた道すじに従っていえば、浄土と穢土は離れていてもよい。極楽は十万億土の彼方にあってもよいのだ。二つの世界のあいだに距離はないのだから——。

浄土とか、穢土とかいうと、この世とあの世でも同じことだが、いかにも宗教の世界で、そこにもうもうと香煙がただよっている感じがするが、決してそんなことはない。子どもの遊びの世界がその構造として同じなのだ。「太郎ちゃん」と呼びかけ、「ハイ」と答える。

二人はすぐそばに立っているのだ。「花子ちゃん、わたしの家へ行ってママゴトしましょ」という。そのとき、二人の家は離れればなれじゃなくて、連続しているのだ。

宗教の世界と遊びの世界は、その深いところで連続していたのだ。

一枚の画面を思い出してもよい。手前の松と向うの山をじっと見つめていると、そのあいだに距離はない。キャンバスという区切られた画面に人工的に描きこんだものだから距離がないというのじゃなくて、画家にとってはもともと距離がないのだから、その通りに描いたのだ。キャンバスというのは同時の画面、同時の空間だったといわなければならない。松の宇宙、山の宇宙がそこで同時に表現されているのだ。

それが宗教の時空なのだ。ただし、ことさらに宗教といわなくてもよい。

われわれはそういう時空に歩み入ることによって、地球を、宇宙を、そして自分自身を同時にとらえることができる。自分があらゆる存在の根っこに触れていることを感じるのだ。

註

（1）同時性、あるいは同時という時の本質については、『カミの人類学』のなかの「「妹の力」再考」の章で述べた。その後、この問題についての関心がたかまり、F・D・ピート、菅啓次郎訳『シンクロニシティ』（一九八九年、朝日出版社）などが出版された。ただし、それらでは「共時性」の訳語を採用している。
(2)『荘子』第四冊「雑篇」(岩波文庫)による。また、『荘子、雑篇』下(朝日新聞社)もある。後者では『列子』「仲尼篇」によって解説している。
(3)道元「有時」『正法眼蔵』第二十(岩波文庫)。
(4)鈴木大拙・曾我量深・金子大栄・西谷啓治『親鸞の世界』(一九六四年、東本願寺出版部)。
(5)親鸞『教行信証』(岩波文庫)。
(6)定本『柳田国男集』別巻第三(一九六四年、筑摩書房)。

草木虫魚教のゆくえ――アニミズムという画面――

アニミズムを見直す

宗教の出発点であり、またその到達点であるところ、そこがアニミズムの世界である。アニミズムは大地の宗教である。そう私はいいたいのである。

しかし、結論めいたことを述べる前に、およそアニミズムとはどういう宗教のかたちなのか、その本質は何か、ということをはっきりさせておかなければならない。なぜなら、一般に理解されているアニミズム、つまり精霊信仰というものと、年来、私が主張してきたそれとのあいだに相違があるからである。私はそこで自分の主張するアニミズムをネオ・アニミズムと呼んだり、新アニミズムと名づけたりしてきた。そうするとアニミズムに二種あるということになるが、ここではアニミズムという言葉をそのあるべき姿にかえす、つまり言葉を正してアニミズムを唱えることにして、ネオとか、新とかいう呼称を使わないことにする。ネオ・アニミズム、あるいは新アニミズムこそ本来のアニミズムだからである。誤解をかさねてきたアニミズムの使用法をやめて、正しい意味のアニミズムに戻すことを提案する。ほんとうは、アニミズムという外国語を使わずに、カミ信仰、ないし日本人のカミ信仰といいたいのであるが、歴史的な経過があり、その曲折があり、感情のしこりもあるかもしれないので、ここではやや普遍的なアニミズムという言葉を用いるのである。また、アニミズムよりマナイズムの方がよくはないかという意見もあり、民族誌、宗教史の文献を参照してみると、あるいはその方がよいかと思われることもある。しかし、マナというメラネシア地域の言葉を用いるというなら、いっそのことカミといった方がよいし、そのカミ宗教の成熟と普及を待とうというのであれば、しばらくのあいだアニミズムという言葉を使わせてもらいたいと思う。近ごろ、この言葉がかなり普及してきたからである。

さて、一般にアニミズムという言葉によって理解されているのは次のようなことであろう。

アニミズムは万物のなかに魂(霊魂)がひそんでいることを信じ、その魂の存在を畏敬することから発展した宗教である。われわれの生活の場をとりまくすべてのものは魂をもっている。草木にも、鳥けものにも、石や水や風にも、魂がひそんでいる。したがってそれらは単なるモノではなくて、魂をもった存在なのだ。だからそれらのモノは、魂をもつことにおいて人間と同等のものであり、その意味でたがいに尊敬しあい、怖れと親しみをもってつきあっていかなければならない。わが国の古典にしるされているように、「草木ことごとく皆物言う」というのは古代人のアニミズム信仰の表現であるが、それは同時に今日の地球時代に生きる人びとの信仰でなくてはならない。それは自然とともに生きる、共生の思想、その根拠なのである。

それは今日的であり、かつ、未来を志向する宗教といわなければならない。

われわれはこのように理解してきた。

しかし、ふり返って検討してみると、アニミズムと呼ばれる信仰のなかに、はっきりしない部分、あいまいな点が多々あることも事実である。

いったい、魂とは何物だろうか。魂が宿るというのはどういう事態を指していっているのだろうか。古代人、あるいは、いわゆる未開人がそう考えていた、そういったからといって、それをただちに鵜呑みにするわけにはいかないだろう。文献・記録を十分にしらべることも大切だし、それにもまして、調査者である人類学者自身が「そうだ」「その通りだ」「私もそう思う」と納得する考え方、ないしカミ観念、霊魂観念でなければならない。自分で納得できないものを研究資料にするわけにはいかないだろうし、そういう観念を積み上げて宗教の体系を構築するわけにもいかないではないか。○○族の表現がそのまま人類学者自身の表現になるのでなければ、その資料はイツワリの資料であり、その上に築かれた理論は空中楼閣にすぎない。しかし、たいていの場合は、「○○族は木に魂が宿っているというが、私（＝人類学者）はそうは思わない」というデータの後半部を切り落として、その前半部分を○○族の宗教観念としているのである。自分が信じないのだから、他を欺くものといわなければならない。だから『聖書』にもあるように、「学者とニセ予言者に注意せよ」ということになる。ことのついでにもう一つ付言しておきたいことは、万巻の書を読み、山林にこもって瞑想した人の言葉ならともかく、田んぼに入って泥にまみれ、槍をかかげて猪を追いたて、血まみれになって生活している人の言葉など採るべきところはない、という誤解である。今はこれ以上触れないが、われわれの知の性質にたいする積み重ねられた誤解、または曲解の根は深いのである。

それに輪をかけて、一般の教科書では「アニミズムという低級な宗教がある、未開人のあいだの奇妙な自然観である」といってきたのだから、どうしようもなかった。

しかし、大切なのはただ今の考え方だ。

カミ経験の場

アニミズムについて、あるいはネオ・アニミズム、新アニミズムについては、これまでおりに触れて述べてきた。はっきりとその立場に立ったのは『草木虫魚の人類学』(一九七三年、淡交社、のち講談社学術文庫)を書いたときだから、すでにほぼ二十年以前ということになる。その後、あれやこれや考え方を補足し追加して、これが最後の定義というものはできていないが、ここでアニミズムといわれる事態が誕生するために不可欠な若干の条項をとりあげてみる。

(1) その事態、あるいはアニミズムにおけるカミ経験は出会いの場の出来事である。自然のなかで、それに出会ってハッとする、驚く。その驚きのなかでそれを認め、同時に驚いている自分の存在に気づく。カサッと落葉がゆれてトカゲが顔をだした。トカゲはトカゲだが、そのトカゲとその場で初めて出会い、アッ、そこにいるのはトカゲだ、と認めたのである。このトカゲはトカゲ一般ではない。全く新しいトカゲが、いや、トカゲを含む空間の事態が落葉のなかから誕生したのである。

(2) それは人間と自然との接点における出来事である。その接点において、全自然がその姿をあらわし、同時に自分が自分としてその場に居合わせていることに気づいたのである。そこで自他の誕生する不思議の場所を共有したのである。その経験はカミの誕生に立ち会ったことである。そういうことの生起する空間をたましいの空間といってもよい。その空間構造の核をシンボリックにたましいといってもよいだろう。そこに実体があるわけではない。エネルギーが発生するわけでもない。

(3)　いろいろの学説が参考にならないのはそれらが自分の経験に立脚していないからである。自然と人間のかかわりを分析して、そのなかの要素を取り出し、それらを積み上げて理論をつくっている。しかし、アニミズムは自然のなかから突出してくるものである。人間はそれにぶつかり、ぶつかったときにカミを感じる。自分を超えた魂のひろがりのなかに立ち入るのである。学者の探究とは方向が違う。天を透視して、そこに神のイメージをかたどるのが学者で、アニミズムの探究者は地に伏して、草むらのなかをさぐるのである。視線の方向を転じなければカミに近づくことはできない。

でも、一方が真で他方が偽だといっているのではない。双方を含まなくてはならないといっているのである。神は必ずカミを含まなくてはいけない。直接経験に立脚しなくてはいけない。そう信ずるのである。

(4)　自然と人間との出会いの場は、何ともいいようのないところ、不思議の場所である。その不思議のなかに自他が包まれる。そこでわれを忘れて見とれる。そういう場所がたしかにある。

試みに芭蕉の句によって解説したい。ただし、芭蕉が開眼し、そこにたどり着いた樹下石上の風景をすべて尽くすことはとうていできない。その二、三について述べるだけである。

よく見れば薺《なずな》花さく垣根かな

普段は見えなかったナズナの花が、そのときにかぎって、そこに咲いているのが見えた。その小さい花を、驚きのこころをもって、見つけたのである。いつでも見えている世界と、常には見えない世界が、そのとき、その花のところで合体したのである。不思議な白い花が咲いていたのだ。

道のべの木槿《むくげ》は馬に喰はれけり

木槿が位置を占めている実の空間と、馬に喰われたあとの虚の空間が一体化している。実と虚と、どちらがホントかといえば、どうしてもそこから花が咲き出てくる虚の空間の方がホントだ。いや、虚実が一つになっている空間がホントで、その空間を見つけることは魂の空間に触れることである。カミの宿るところに迫るといってもよいだろう。

山も庭もうごき入るるや夏座敷

家のザシキ空間に山が入りこみ、庭が入りこむ。たがいに滲透性の空間が現前して、そのなかに坐って夏を実感しているのだ。冬になれば同じ空間が閉じられて、閉じられながら一面の雪に包まれてしまう。多層空間がそれぞれに入り交っているといってもよい。自分だって、もちろん、ささやかな空間だ。目も鼻も耳も、脳もからだもありはしない。さらさらと流れてゆく風のような一枚の空間なのだ。それらがその座敷で交わっている。

青くてもあるべきものを唐辛子

ここでは青と赤が交替する。唐辛子というかたちの枠のなかで、青と赤の光が明滅するのだ。

こういうふうに例示していけばきりがないことである。私としては芭蕉の眼のなかの空間構造が、精妙で深遠なことに驚嘆するだけである。

――空間といえばかつて私が報告した東南アジアの小祠、その祠室がガランドウであったことが思い出される。ガランドウの空間に祖先の神が去来し、ケイトウの花が供えられ、ロウソクが点滅する。ガランドウ空間が時々に人間と自然と文化を宿すのであった――。その空間、虚実を含む空間の内部に入りこんでみると、そこにどういう風景がひろがっているだろうか。

アニミズムの内部の風景

さて、その空間の内部に入る、というけれども、実際にそこに入ることはとてもむずかしい。われわれはすでに、いつだってそこにいるのだから、そこを出てそこに入るといわれてもとまどうのである。日常から非日常に入るなどといわれても、言葉はわかるが、実際にはわかりにくい。頭脳が空転してしまうからである。だから、行為において、そこに入らなければならない。そういう状況のモデルとしては――私にとっては――絵を描くことの比喩がとても具合がよい。いや、それは比喩なんかではない。比喩であることを超えてそこに深い意味が露呈している、と私には思われる。

キャンバスを前に、森の絵を描くとしよう。松、杉、竹、楠、などなどの絵で、そのかたちを画面に写し、絵筆に色をふくませて、幹や枝や葉を描いていく。このとき、画家は一本の絵筆となってキャンバスと呼ばれる画面、いや、大地そのものの上に木をかたどるのである。画家は、自分を忘れて画面のなかに生きる。そして徐々に、松は松として力強く生え、杉は杉としてそそり立つ。桜は桜らしく、竹は竹のように、そして楠はゆたかに鬱蒼としてそびえ立つ。

ところが、それらの木々の姿をじっと見つめていると、実はそれらの木は画家が描いたのではなくて、それぞれの木が自分自身で、ただし画家の絵筆をとおして、描いたのだということがわかってくる。松は自分で松を描いた。荒々しいが頼もしい幹をのばした。杉は自分でまっすぐに杉をかたどった。竹は自分で地中から顔を出し、またたく間にのびあがった。楠は自分の手を四方にひろげて、重い樹冠を支えている。桜は「わたしが桜よ」といって立ちあがり、ちょっと身体をかたむけて画家に挨拶した。

一本一本の木がそれぞれ自分の主人公になって、自分自身を描いたのだ。絵を見ているとそのことがよくわかるだけではない。画家が、「その通り」といっているのだ。「わしはしっかり目をひらいて、夢を見ていたらしい。夢がさめてみると、ほれ見てごらん、木々はまもなく春を迎えようとしている」と。

画家は宗教家ではない。しかし、この場合、画家は大地の宗教の実現に協力したのだ。大地と呼ばれる魂の空間を荘厳したのだ。芭蕉が言葉で実現したリアリティーを絵筆で表現したのだ。

はてしなく拡がる魂の空間をあるがままに造型したのだ。

エナジーの論理、あるいは非論理

アニミズム世界の内部で働いている論理、あるいは非論理、それを動き《ムーヴマン》、エナジーの流れといった方がよいと思うが、それはこういうことである。

その一。分類しない。人間が中心になって、自分が万物の霊長であるとかいって、事物に名前をつけ、それを人間の文化のなかに組み込もうとしない。松が松であることのアイデンティティーは、松にまかせる。

天と地を分けない。東西南北を区切らない。健康な人のなかから病気の人を隔離しない。

その二。論証しない。背の高い木、背の低い草、曲った幹、風折れした枝の前に立ってナゼといわない。ナゼという前にじっと見つめる。同感する。木の知と人間の知とは、それがひろい宇宙の魂の空間を経由するのでなければ、直接にはむすびつかないからである。

その三。自前で生きる。接ぎ木しない。実生で発芽し、まっすぐにのびあがり、自分のなかで成熟して実を結ぶ。右の枝はミカン、左の枝はリンゴというふうな木になろうとしない。からだは日本人、頭脳は〇〇人とはならない。思想と生き方の技術は借りないで、自前で生きる。ただし、宗教の大地は共有する。だって、大地には切れ目がないのだから——。

その四。夢が真実、真実が夢。夢というと反射的に幻《まぼろし》を思いうかべるかもしれない。しかし、わがアニミズムの世界、あるいは草木虫魚教では、何から何まで夢で、どこからどこまでも真実、夢と真実とが一体化してキラキラと輝いているのだ。夢ばっかり、真実ばっかり、そのあいだを私という現象が去来し、厳然としてここに存在し、また、かしこに存在するのだ。

すでに真実の世界というなら、なぜ、ことさらに夢を重ねあわせるのか。夢のどこに、それほどの魅力がひそんでいるのか。

その点についてさらに解説をくわえたい。

まず、何よりもさきに夢のなかの「自由」がほしいのだ。そこで何物にも妨げられることなく、花になり、蝶になり、雲になり、石になりたい。風・雨・水・火の声を聞きたいのだ。

次に、そこは「証明のいらない世界」だからだ。自分の祈りが透明な樹液となって木々のあいだを駆けめぐり、松になり、竹になり、桜になり、楠になる。それらのさまざまなかたちをそれぞれの内部から実感する。松は松になるべくして松になった。竹は竹になるべくして竹になった。鳥が空中を飛び、空が鳥の内部にひろがる。証明なくしてすでにそこに在るのだ。証明というのは文法である。人間の文法では草木虫魚の言葉は解けない。

第五に、こういう世界には「割れ目がない」。継ぎ目のない世界がひろがって、私もそのなかに縫いこまれているのだ。絵のなかの絵だ。われわれは長いあいだ切れ目のない一枚の世界を求めつつ、それを手に入れることができなかった。しかし、草木虫魚教《アニミズム》の世界ではそれが実現しているのだ。

そして最後に、この世界を動かすエナジーに言及しなくてはならない。「彼処《かしこ》で黄金を買い求めて此処《ここ》で黄金を売る。此処《ここ》で黄金を買い求めて彼処《かしこ》で黄金を売る」。そういう往還が、また交換が、無限のエネルギーを生んでいるのだ。「夢これ尽大地」。そのなかで夢を売り、真実を買っているのだ。真実を売り、夢を買っているのだ。その行為によって自分の生を証しているのだ。

今朝、わが家の小園におり立つと、夜来の雨がはれて木々の花が、それぞれの遅速をたもちながら、咲いていた。そこで私は曙《あけぼの》ツバキの淡いピンク色を買って、伊予ミズキのレモン色を売った。ユキヤナギの小花の白を売って、ボケの朱色を買った。三歩、四歩、あるいは七歩、八歩のあいだの行為だった。どの歩みも、そこで黄金を売買するにひとしい真実の行為なのだが、しかも同時に夢のなかの歩みであった。そして、そこにはてしないエナジーが波立ちゆらいでいた。

「知」のエナジーではなくて、「悲」のエナジー、そういってもよいだろう。

そこがわれわれのたどりついた草木虫魚教の世界であり、兼ねてアニミズムの世界であった。

未来の宗教

歪んで、ギクシャクして、割れ目だらけの世界のなかで、どうやって草木虫魚教を、アニミズムの思想をひろめるつもりなのか、と冷笑される人も少なくないだろう。もちろん、革命まがいの運動はできるはずがない。途方もない時間がかかるかもしれないが、一人ずつ、この世界へ歩み入ってくるより仕方がない。その一人、つづいて一人、また一人と、その足音が聞こえてくる。

私は何も草木虫魚教だけが残って、他の、高度の教義と組織をもつ宗教が亡びればよいと思っているわけではない。ちょうど日本列島が南北に細長く、ほぼ熱帯から寒帯ちかくまでのび拡がっているように、宗教もそのように広く深い領域をおおって、原始から文明にいたるすべてをカバーしなければいけないと思っているのである。神はカミ（直接経験の神）を切り捨ててはいけない、というのと同じことである。なかでも、原始を切り棄てては困る。ただ、宗教の場合には科学的技術の分野と違って、その出発点と到達点とは意外に近いところにあるかもしれない。

　ひょっとすると、草木虫魚《アニミズム》教の普及は思いのほかに早いかもしれない。いや、それと気付いていないだけで、われわれすべてが、すでに、この世界の住人なのかもしれない。

〔Ⅱ　カミのいる時空〕付記

1　小文ではカミ、神、魂などの用語を定義せず、文脈に応じてややあいまいに用いた。他日を期したい。ただ、私としては、これらの言葉の違いは生活者ないし研究者の姿勢、あるいは視線、行為の方向性の違いによるところが多いと思っている。

2　引用した「売金須是《まいきんしゅし》買金人《まいきんじん》」（金を売る人が、同時に金を買う人だ）は『正法眼蔵』第二十七「夢中説夢」の例によって少し文章を改めた。つまり、動きを加味したのである。そして、この一句は「大地の黄金なるを現成せしむ」（「現成公案」『正法眼蔵』第一）といっしょに考えるとよくわかる。「夢中説夢」のなかでも、「諸仏は風雨水火なり」「夢・覚もとより如一なり」などといい、別の巻では「仏教とは万象森羅なり」などといっているくらいだから、道元はアニミズムの大先達なのである。そういったら叱られるだろうか。

3　本来のアニミズムには自分（観察者）をどこまでも相手（対象）に近づける、絵を描く人が画中の人になる、という手つづきが不可欠であり、その点では、レヴィ・ブリュル、山田吉彦訳『未開社会の思惟』上・下（岩波文庫）が参考になる。自著を引きあいに出すのはどうかと思うが『草木虫魚の人類学——アニミズムの世界』、『カミの人類学——不思議の場所をめぐって』などがあって、すべて同じ方向の考え方を表現している。

Ⅲ　画面のなかの自分

大地の色——大地という空間——

語りかける大地

「仕事に出かける画家」、あるいは「タラスコン街道の画家」と題するゴッホの絵がある。ゴッホとおぼしき男が麦ワラ帽子をかぶり、画材を背負い、右手に絵具箱、左脇にスケッチ・ブックを持って路上をゆく。二本の街路樹の向うに黄と緑の麦畑がひろがり、そのずっと向うに糸杉の木立と低い山なみが見える。画面の手前、その半分ほどが道路で、そこに画家の影が紺色に描かれている。日ざしが強い夏の午後なのであろう。強い光が道路、つまり、地面を照らし、そこで反射しているらしい。地面は褐色ではなく、また、灰色でもない。まぶしいばかりの太陽光を受けとめ、画家の創造意欲を反映しながら、多様な色彩でキラキラしている。黄、赤、白、ピンク、紫、ブルー、セルリアン・ブルー、インジゴーと、手もとに絵具箱でも置かないと同定できないほど、多彩な色が並べられている。点描法ということになるのだろうか。ゴッホの眼に映った大地の輝きが、光沢のある絵具で表現されている。

ゴッホは画室でキャンバスに向っているわけではない。誰とも知れぬ画家の営みを表現しているのではない。自分が野外に出て、風景に向って進み、画面のなかに歩み入っているのである。画家はすでに画のなかにいる。その画家にたいして、大地がキラキラと輝き、わき立つような色彩の挨拶を送っているのである。

ゴッホは大地を色によって分類したのだろうか。いや、そうではあるまい。大地を太陽スペクトルのしめす虹色に分類し、それを再構成して、大地らしさを表現した。いや、そんなことはあるまい。

風景を遠景の山なみと近景の道路に二分割し、その境界線に二本の街路樹を描き、その手前に歩く画家を描きこんで、風景画の構図をつくりあげた。いや、そんな手法にしたがったのではないだろう。

ゴッホ自身がその風景のなかに歩みこんでしまった。そうしたら、空の色、大地の色が語りかけてきた。「もう一歩」、「もう一息」、「もっと近く」、「もっと早く」、そういって大地の彼方の風景がゴッホの意志を衝き動かしたのだ。

そのときの色彩の奔騰がこの絵になった。

この絵が語りかけるものは、ゴッホの意志に応えてあらわれでた大地の意味である。

ゴッホ「仕事に出かける画家」

古鏡にうつるブッダ

ここで話を一挙に日本の鎌倉時代にさかのぼらせ、当時のもっとも傑出した思想家である道元に登場してもらう。時空の隔たりを超えて、突然、何をするつもりかと危惧されるかもしれない。しかし『正法眼蔵』のなかに収められている二つの巻、「古鏡」と「画餅」ほど、画論の本質に迫ったものは他に見あたらないと思われるのである。もちろん、道元は宗教家であるから、画論のための画論などはしたことがない。自分を知ること、自分を超えて自然に対面すること、自然のなかに自分を、自分のなかに自然を発見しようとしただけである。そしてそのところに巧まざる画論を読み取ることができるわけである。技術、方法の論ではなくて本質論である。

絵を描きはじめると、画家の前に自然はどのような姿をあらわすか。絵は絵そらごとか、それとも存在のホンモノの姿なのか。

絵は絵そらごとにきまっていて、作りものだと思われるかもしれない。しかしわれわれが直接に見ている自然だって文化の意味世界のなかに位置づけられ、コトバによってそれと認知しているのだ。それは——自然そのものではなく——要するに脳のなかの絵なのだ。からだというキャンバスに描かれた絵なのだ。

道元といえば福井県の山のなかにある永平寺にこもって、ひたすら坐禅と瞑想にあけくれた人のように思ってしまう。「深雪三尺、大地雪漫々」などという言葉を聞くと、見渡すかぎり白一色の大地のなかに滲入して、道元その人の姿さえ見えなくなってしまうような、天地が一つになった世界を想像してしまう。しかし、それはかれの一面の姿で、他の一面には激しい求道と遍歴の日々があった。日本国内はともかくとして、二十四歳にして中国に渡り、二十八歳にして帰国するまでのあいだ、かれは異国の自然と人間のなかで正統の師匠を求め、まことの風光を尋ねあてようと歩きまわったのである。旅の日々を送ったに違いないのである。その上でまことの師匠にめぐり会った。その師匠である如浄禅師の言葉と、ある夜、闇をつらぬいて聞こえてきたホトトギスの声が、一つになった。風光を尋ねあてたのだ。

ホトトギスがしきりに鳴いて、しかも、この上なく静かな真夜中。その夜の色は大地の色に違いなかった。黒ではない。灰色でもない。無色でもない。その色を尋ねあてた。

道元は画家ではない。だから絵は描かない。しかし、かれの言葉につれてあらわれてくる世界と、画家の絵筆とともにあらわれてくる風景を重ねあわせて考えることはできる。こういうふうに、道元世界と画家としての自分世界を重ねあわせるのでなければ、――私は画家ではないから、そこに若干の留保が必要かもしれないが――どうしてどうして、道元世界の風光に迫ることなどできはしない。

さて、キャンバスを前にして道元が筆を走らせる。そうすると、山河自然は、草木虫魚は、その画面にどのように立ちあらわれてくるのだろうか。一言にしていえばこうである。筆を持っているのはたしかに道元である。道元が筆に色を含ませ、その色を画面に置いているのだ。その筆によって草木が、山水が画面にその似姿をあらわすのだ。しかし、その画面をじっと見つめていると、それがそうでないということがわかってくる。木は、木が自分で自分の姿を描いている。草は、自分で筆を執って自分の姿を描いている。画面のなかで山がそびえ、川が流れ、鳥が飛び、魚が泳いでいく。画面のなかで、森羅万象のそれぞれがそれぞれ自分の主人公になって自由に生きている。それを道元が描いているのに違いないけれども、じつはそれを誰が描いているのか、わからない。そこに無数の主人公がいて、森羅万象がとりどりにキラキラと輝いている。画面は色彩のマンダラになって、色ごとに光を放っている。

これが道元の絵の半分である。では、あとの半分は何か。それはこの絢爛《けんらん》たる画面を支えているキャンバスの本質は何かということ、森羅万象のすべての色彩を受けとめている大地、その大地の色は何色かということである。

道元はそれを、そのキャンバスを、「古鏡」と呼んだ。

「古鏡」と呼ばれたキャンバスの性質はどういうものだったのか。要点を三つ述べよう。

一つ。「古鏡」の——これをキャンバスと呼び替えてもよいが——片方の面には自然がありのままに映る。曲った木も、傷ついた鳥も、白い雲も、あかね色の空も、そのままに映る。森羅万象が森羅万象のままに多様に、そして多彩に、そのとき、その場のマンダラとして映る。

二つ。「古鏡」のもう一方の面には、なぜか、ブッダの顔が映っている。不思議なことに、誰もが持っている「古鏡」、つまりキャンバスにも、よく見るとそこにブッダの顔が透かし模様で入っているのだ。もちろん、その顔は絵を描く邪魔にはならない。透かし模様なのだ。でも、この模様が入っていないと画面がピンと張らないのだ。絵具の色とかたちが、永遠の相のもとに画家に、そしてわれわれに迫ってこないのだ。

三つ。「古鏡」の表と裏といったが、「古鏡」に二つの面があるわけじゃない。道元の、そして画家の筆がそこに触れたとき、二つの面は一つになるのだ。キャンバスにナイフで傷をつけたり、引っかいたり、故意に絵具をぬらない生地の部分を残したり、そんなことはしなくてよいのだ。余白の白をどうしようなどと心配しなくてよいのだ。

「古鏡」はキャンバスである。キャンバスは大地である。白でもよいし、褐色でもよい。でも、物知り顔に「透明」などといわない方がよい。透明ならぬ何かの色が、一面の単色がぬられている。しかし、不思議なことであるが、そこにかすかな濁りがある。純白のなかの微塵ほどの不純物、濁りが、われわれを引きつけてやまないのである。

じつは、ここで親鸞に登場していただいて、かれにおける「海」——うみ、あるいは海《かい》——の思想について語りたいのであるが、別の機会に譲ることにする。できることなら天と地が一つになった海、陸と海が一つになったときの海、その一元の世界を語るつもりだった。大地性についてであるが、もちろん、その思想は親鸞にだけあって道元にないわけではない。

カミ誕生の空間

「すべての存在をつらぬいてただひとつの空間がひろがっている」（リルケ、高安国世訳）というが、その空間を銀河宇宙の大きさに拡大することもできるし、重ね合わされたバラの花びらの内側にさぐることもできる。どちらがホントでどちらがウソということはないけれども、天文学者ならぬわれわれとしては、それを身のまわりに、足もとに、身辺雑事のなかに見つけ出して愛惜する。珠玉のような、しかし眼に見えない空間である。

長編小説を読むと、そのなかに人間・社会・文化のもろもろの結節の厖大な量が封じこめられていることがわかる。ただし、ひょっとすると、そのなかには自然のごく少量があるだけである。なぜって、作家の視線が大地の方向に向いていないからである。足もとを見ないであらぬ方を、空を見ている。いや、もろもろの事象を空というスクリーンに投影している。短編小説を読むと、上等なケーキと深味のある色をたたえた紅茶が構成する室内空間のようなたのしさがある。詩になると、内容は同じだが容器が洗練されている。つまり、言葉が新しい。

こういう具合に表現に包まれている結節の量を目安にして、大から小へたどっていくと、やがてわが国の短歌、俳句にいたり、ついには十七字であることすら断念して、言葉の断片になってしまう。つぶつぶとした言葉が、つぶつぶとした「もの」と激突して光るのである。いや、光ったときに言葉と「もの」が同時に誕生するのである。そして、その誕生の場、その空間が、たとえいかに微小なものであっても、必ず大地性を帯びている。いや、大地そのものなのである。

俳句（詩の言葉）の誕生する空間とカミの誕生する空間とは同じなのである。そこが大地である。

私はその動的な空間をアニミズムの空間といっているのだけれど、多くの方々はまだ疑っていて、素直に賛成してくださらない。すぐ眼の前にそれがあるのに――。

どうぞ、一人ひとり、自分自分で、そのとき、その場の大地の色を見つけてください。

生死の風景——風景画のなかの自分——

自画像と風景画

一昨年（一九八八年）の冬のはじめだった。私はカルカッタから小型機に乗ってブータンに向った。海技〇メートルのカルカッタから一挙に海抜三千メートル近くのブータンにゆくのだから、あまり体調のよくなかった私にはどうしても不安があった。しかし、天気はとてもよく、蛇行するガンジスの流れも、山襞《やまひだ》のなかの村と耕地もとてもよく見えた。

パロ空港について機外に出ると、身体がすこし軽いように思った。空港のオフィスで入国手続きをすませ、迎えにきてくれた友人と立ち話をするのだが、からだとこころは離ればなれなのである。友人のジープに乗ってパロの谷をのぼり、そのどんづまりの地点に行って、白い水晶のようなチョモラリ峰（七千三百十五メートル）を見ても、半ばうわのそらだった。

その夜、首都のティンプーの宿ですごした時間は私にとって苦行だった。日が沈むとともに急激に気温が下ってきたが、部屋の暖房は——小型の電熱器だけで——なかった。どうしたらよいのか。腕時計の秒針を見ながらそっと自分の脈に触れると、たちまち一〇〇をこえ、一一〇、一二〇と数値がのぼるので、怖ろしくて数えつづけることはできなかった。トレッキングの途中、くも膜下出血で死んだ人びとの話が思い出された。精神安定剤をのみ、厚いソックスを重ねてから、祈るような気持でベッドにもぐり込んだ。厚めの掛け布団を一枚、余分にかけてもらったのだけれど、身体が冷えて、どうにもこうにも寝つかれなかった。自分がここで死ぬんじゃないかという想念、いや、妄念が払い切れないのである。床のなかで目をつむっていると不安が高まってきた。何度もトイレに起きて水をのんだ。

どのくらいの時間がたったろうか。布団のなかがあたたかくなるとともに、私の気持に転機がおとずれた。闇のなかで考え方が変ったのである。

私にも人並の悩み、悲しみがあり、心配事がある。それを自分で始末しなければ死ぬわけにはいかない、と思っていたのだが、ふっと自分のこころが転じて、そんなことは親しい知人、友人が私にかわって背負ってくれるだろう。その荷物を持ってくれるに違いない。

たしかにそうだ、それに違いないと思いはじめたのである。そう思い、その思いを確信するにつれて、私は気持がゆったりしてきた。温かくなった布団のなかで、あらためて目をつむった。いっときの眠りに落ちていったらしい。

そして翌朝、目ざめた私は何はともあれ洗面所にいって、四角い鏡に自分を映してみた。そこに自分の顔があった。ひげは乱雑にのび、目にしわがより、髪はその一部分がまっ白になっていた。一夜にして髪が白くなるという話は聞いたことがあるが、ウソではなかった。これが今朝の俺だ、惨憺たる顔だ、と思った。

洗面をすませて外に出た。狭い階段の途中でちょっと立ちどまり、段に腰をおろして休み、いっときして外に出た。よい天気だったが日のひかりはまだ届いていなかった。外気はひんやりして、ゴミ捨て場の小山のまわりに霜がおりていた。毛ぶかく、褐色で、背のひくいブータン犬が元気にじゃれあっていた。

私は広場の、時計台の下のベンチに腰かけた。すこしずつ日光が届いてきて、その温かみが身体にしみこむようであった。危険な一夜は過ぎた。これで生きのびたのだと思った。そう思うと、自分がティンプーの谷間の町にいることに気づき、谷の両側の山々の姿が見えてきた。こちら側だけ、谷川にむかって山腹の斜面がふくらみ、そこに町が立地している。川の向う側はただちに山麓の急斜面が峰につづいている。いましも、その谷間にひかりがあふれようとしている。谷の奥は見えないのだが、そこに昨日見たチョモラリ峰がきらめいているようであった。見えない尖峰がそこに見えているように思われて私のこころを引きつけたのである。

私は鏡のなかにいたのではなくて、風景のなかにいた。自画像の私ではなくて、風景画のなかの私になっていた。

鏡のなかの自分は、そこに顔が映っただけで自分で描いたわけじゃない。だから自画像じゃない。しかし、ここではそれをきわめて写実的な自画像だとする。そう見たてる。もう一つ、広場のベンチに腰かけた風景のなかの自分、これも頭のなかで描いただけだけれども、ここではそれを風景画として扱うことにする。

そうすると、自画像の自分は見るにたえなかった。苛立って、衰弱して、不安の様子がありありとしていた。一方、風景画のなかの自分は、こころが外にひらかれ、大気でできたふわっとしたソファーに寄りかかって、落ちついていた。二つの像が夜の自分から朝の自分への推移に対応しているわけであるが、それにしてもなぜこうも違うのだろう。

自分のいない風景

ここで死という問題を考えに入れてみる。

自画像の自分は顔がなくなればそれでおしまい。後に残るものは何一つない。空しい。ところが風景画の自分は画面から自分がいなくなっても、山がのこる。木がのこる。川がのこる。その輝き、その緑、その音がのこる。

風景画のなかの主人公は自分だけじゃない。山も主人公、木も主人公、川も主人公。犬も、小石も、ゴミの山も、朝の霜も、みんながそれぞれに主人公なのだ。自分が画面から消えても、他のもろもろの主人公は主人公として存在しつづける。

絵はそのなかの自分の姿を欠いても、成長し、充実し、完成を目ざすのだ。そのなかの主人公と主人公が風景画のなかで、同時に成長しつづけていくのだ。

自画像の場合にはこうはいかない。顔のない背景だけ、バックだけでは絵は成りたたない。

ここに風景画のやすらぎがある。生死を超えたしずけさの由来があるのだ。私は自分が一枚の風景画でありつづけたいと願った。

生死の風景

ただし、そうはいうものの、付け加えなければならないことが一つある。それは自画像のなかの自分の顔――風景画のなかの自分の姿――が消されてしまっても、その絵を措いた画家、主人公のたましいが形をかえて絵のなかにひそんでいさえすれば、それでもよい。それで満足だということである。

人気のない一面の青、くすんだ灰色の背景、雲のように渦巻く白と紺の空、それだけでもよい。色のぬられた画面、白いキャンバス、そこに絵が描かれるはずの布地、あるいは褐色の大地、それだけでもよしとしたい。

地が、まだ柄《がら》の描きこまれていない無地が生きつづけることを、私は信じる。灰色の空が生きつづける。遠山の白が生きつづける。

ブータンの旅で私はいくつもの寺院をたずねて、壁画のマンダラに見とれた。色とりどりの十二の輪がそれぞれの軌道をまわっている天体運行図もあった。そこで時間の輪がめぐっているのだ。ある寺院では、たまたまそこで仏像の開眼供養をしていた高僧リンポチェと握手した。厚くて、あたたかくて、やわらかい手のひらだった。農家の仏間に供えられた初穂の束を見せてもらったこともある。その農家の主人と握手したがその手はかたく、ごわごわして、ささくれていた。やわらかい手と雑巾のような手とどっちの手がホントの手だろうかと思った。やわらかくてはダメというわけではない。山麓のチョルテン(仏塔)の中段に死者を祀るための高さ五、六センチの粘土の小塔(ツァツァ)が並んでいるのも見た。遺骨と粘土をまぜあわせてつくったチョルテンのミニアチュアであった。やがて風化して空にちらばっていくのだ。

ある立派なチョルテンでは、手に手にマニ車をもってカラ　カラと音をたてながら周囲をまわっている人びとに出会った。いかにも古風な寺院の入口に坐り、自分の体軀ほどもある大きいマニ車の傍にうずくまって、その車を足で回しつづけている老婆の前を通りすぎたこともある。また、小川の流れを動力にとりこんで、水車のように自動的にギーッギーッと回転しつづけているマニ車もあって驚いた。自然が自発的にマニ車を回転し経文を唱えるという意志をしめしているのだろうか。自然が仏教を志している。

山地の斜面のそこここにダルショと呼ばれるノボリが並んで立てられ、その細長い布地にプリントされている経文の言葉がハタハタ　ヒラヒラとはためいて、その音を空中に拡散させているところを見た。バタバタ　バサッバサッと幡が音をたてて、そのたびに経文の言葉が空中にとび散っていくのだ。言葉が風となり光となって消えていく。そこでは、大気のなかに生と死が、いや、生と死の微粒子が満ちあふれ、散乱し、キラキラと輝いていた。ここでは、生のかたちはとらえがたく、死のかたちを区切りとることはできなかった。生と死は背中あわせの死生《しせい》であった。無数の微塵のなかの一つの微塵だった。

私はいま、ここで、自分の死生観を問われても答えられはしない。ただ、こういう風景のなかに立ちつくしているだけである。

いつになったって、私は生死の風の前にうろたえ、取り乱し、悲しみ、あわてふためいてどうしようもないことになってしまうだろう。しかし、外側から見たら見苦しいことになっても、その内側には、ちょっとばかりの青空がほしいなあ、と思っている。

私の山河——無限を含む風景——

バラム川の不思議な宇宙

バラム川中流の町マルディ、そこの丘の上のレストハウスに泊って、そのころ大阪市立大学付属植物園にいた松岡通夫君と二人で、くる日もくる日も、バラム川の褐色の水を眺めていた。上流の村々に行こうとしてロングボートが下ってくるのを待っていたのである。一週間もたったろうか。ロングボートは一向にくる気配がなく、たまに船付き場に到着してお客がゾロゾロと出てきたかと思うと、そのまま船をつないで動こうともしない。

われわれは退屈して、いらいらしていた。私はこの機会にこそと『スピーク・マライ』というマレー語入門書の丸暗記をはじめたけれども、くる日もくる日も快晴で、バラム川の川面にはさざ波もなく、流れの方向さえさだかではない。時間という微粒子が空中に拡散し、浮遊して、そのまま停滞しているかのようであった。

バラム川の対岸にフタバガキ科の喬木が一本、灰色の樹冠をいただいて立っていた。巨木であった。

「あの木だけれど、環境条件がすべてととのったとすれば、どのくらいの高さにまで生長するだろう。五十メートル、六十メートル、あるいは七十メートルにもなるだろうか――。

土壌は肥え、水分は十分にある。熱帯の陽光はさんさんと降りそそいでいる」。いったい、どのくらいの高さになるだろう、と私は松岡君に尋ねた。かれはヘメロカリス（キスゲ）の専門家だけれども、同時に生態学者なのである。何と答えるだろう、と私はちょっぴり悪戯っぽくかれの答えを待った。

「無限に高くそびえるでしょう」とかれは答えた。この答えは私の意表を突くものだった。

川向うのあの木が無限に生長する。百メートル、二百メートルと伸びあがり、雲を突きぬけ、キナバル山（海抜四千メートル）を超えて生長しつづける。

「そんなことがあり得るだろうか。そんなことになったら、木の重みで地球がひっくり返ってしまうじゃないか」、と私はいったけれども、何となく落ち着かなかった。すべての環境条件がととのえばという仮定での話である。ひょっとすると松岡君のいう通りかもしれない。木が宇宙の主人公になって、地球がその木のヒゲ根にひっかかっている。そんなことがあるだろうか。そんなことはない。しかし、そんなことのありうる時空がどこかにあるかもしれない。私の頭のなかで、しばらくのあいだ、巨大な木が大風に吹かれて揺れていた。

その巨大な木の前をバラム川の流れがはるばると、いや、遅々として流れていた。どこからどこへ行くのか、上流から下流へ、空から海へ、また、下流から上流へ、海から空へと、目に見えない豊饒な時空のなかを流れているようであった。

われわれは、まもなく、上流へ向うロングボートをつかまえて目的地へ向った。マルディからロング・サン村まで、三日かかった。細長い船の底板の上に坐って、膝を抱くようにして、遡っていった。耐えていたといってもよい。

しかし、私はバラム川が大好きである。

白波を立てて流れくだる急流を含み、川底の岩盤から突きあげられるように奔騰する水を含み、そうかと思うと眠くなるような川淀を含み、いくつもの白砂の中洲を含み、大雨のときに流されてきたのであろう流木群を含み、なかには立派な板根《ばんこん》をつけたまま岸に打ちあげられている流木もまじっていたが、それらすべてを含み、また、両岸の森がたがいに迫っているようなところでは、川面にひろがってゆっくり流れくだる花粉の渦を含み、その川面を渡って森へ消えていく蝶を含み、たまに船を下りて川岸の斜面を歩けば、靴下の布目に、革靴の縫い目に身体をねじ込むようにして血を吸うヒルの大群を含み、岸辺の逆流を利用してスイスイと川を遡上する小魚の列を含み、段丘上のロング・ハウスとそこに見え隠れする異民族の人影を含み、樹上葬の新古の墓が乱立している墓地を含み、水祭りのときに川の中流に放し、また水にくぐってそれを抱いて戻ってくる木彫りの竜とその祭りを含み、その竜の行動を模倣したゲームとしての竜船競漕を含み、川上の盆地のひろびろとした空に舞うツバメの大群を含み、その方向に日本があるかと思う、その方向に

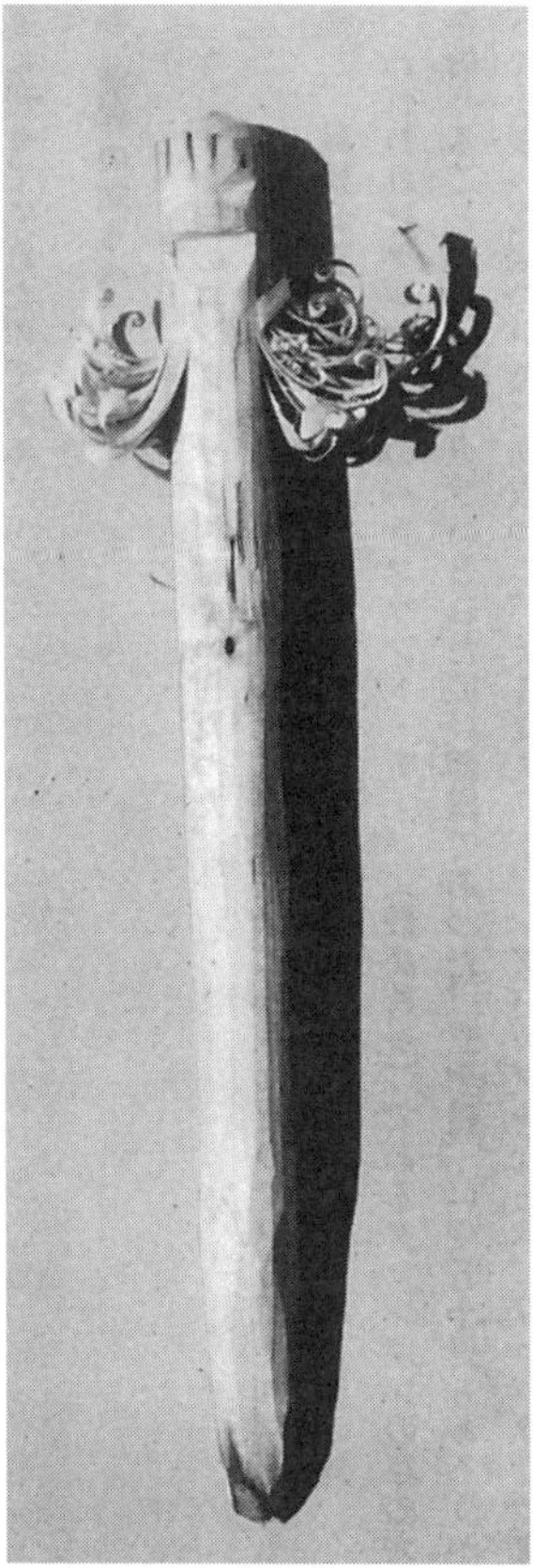

ケンヤー族の水神（木彫りの竜）

向って空いっぱいに湧き立ち流れていく夏雲の群れを含み――。

バラム川という時空のなかに、何もかも、すべてが収斂《しゅうれん》しているのであった。何と豊饒な、何と深遠な川であろう。私はバラム川が大好きなのである。一瞬、バラム川が私の人生を横切り、バラム川宇宙という幻影を、いや、キラメク真実を、私に見せてくれたのである。

境界の向うへ

ケンヤー族のロング・サン村はいい村だった。

この村の経験を境に、大げさにいえば、私の人生は二分されたのである。それ以前とそれ以後と、風景が違って見えるようになった。

われわれはケンヤー族のパラマウント・チーフ（最高首長）であるタマンゴンの家の大広間を借りることになった。ガランとした広い部屋であった。三十畳、いや五十畳もあろうかと思われる広い部屋の中央に陣取って、そこにスリーピングバッグをならべ、リュックサックを置き、調査具を置いた。調査具といったって、私の場合にはカメラぐらいのものであるが、松岡君は植物採集をするのだから押し葉をするための多量の新聞紙を持参していた。それに自炊がたてまえだから、インスタント・ラーメンなどの食糧が山ほどあって、それらを適当に配置した。

やれやれこれで一息、と思って天井に眼をやると、そこに頭蓋骨があった。十個ぐらいだったろうか、粗目のカゴに収められていた。白骨というより茶褐色の骨になっていた。首狩りによって命をおとした人のなれの果てであった。

はじめてそれを見たときはギョッとした。しかし、すぐに馴れた。

まず骨のかたちに馴れた。次にナゼ骨になって吊り下げられているのかという過去の出来事に馴れた。歴史という、えたいの知れないものを載せて、ただよっている、時間の意味が逆転したのかもしれなかった。時間の流れが多方向にひろがって波立ち、その中心部に今があった。今の頭蓋骨が昔の頭蓋骨を通りこして、もっとも遠い過去と現在とをつなぎとめているようだった。そういう時間のなかでは、骨は恩讐《おんしゅう》を超えた存在になっていた。

頭蓋骨はうつろな眼をひらいて、その下で眠っているわれわれを見守っているようであった。

タマンゴンは、他の村びとにくらべてひときわぬきんでた体軀をもち、容貌魁偉だった。髪にはさすがに白いものが交っていたが、犀鳥《サイチョウ》の羽根のついた帽子がよく似合った。眼には深味があり、耳たぶに穴をあけて、そこに鉛筆の太さほどの黄金の飾りをつけていた。七十歳をこえているということであったが、そんなことは確かめても無駄である。

村には奥さんがいた。がっしりした体つきで、しかし往年の美女に違いなかった。いや、今だって彼女のつけているサロンの紋様からすると、ケンヤー族の貴族であった。立居振舞いだって堂々としたものだった。

村には奥さんがいたけれども、タマンゴンはマルディに若い第二夫人を住まわせていた。商売の代理人にしていたのかもしれない。タマンゴンは二軒の家のあいだを、そのあいだをへだてるバラム川の急流を、スピードボートで往来していた。スピードボートは競漕用ボートと同じである。バリバリと物凄い音をたて、白波を蹴立ててやってくる。その船からタマンゴンが下船する姿を見たことがある。

私はロング・サン村で何を学んだのだろうか。それは境界を越えるということであった。遠来の客を歓迎する踊りがある。そのとき、客は坐って見ていればよいわけではない。自ら羽根帽子をつけ、腰に山刀をさげて踊らなければいけない。ダーン　ダーンと床を踏み鳴らし、くるりと回って山刀を振りおろす。主客が入れ替るのである。

村びとが客の前に坐り、語りごとを述べながら一杯の酒をすすめる。その語りごと、その歌が終るとともにグッと酒を飲み干さなければならない。しかし、村びとは次々にやってくるのだから、客はたちまち酩酊して自分が客であることを忘れてしまう。そして四苦八苦することになる。

あけがた近くなると眠くて眠くて仕方なくなり、床にゴロンと横になる。うつらうつらする。そうすると女たちが火のついたタバコを頰におしつける。ジュッと頰が焼けて、客は跳ねおきる。眠ってはいけないのだ。夜じゃないのだ。そこで、また宴の場にもどって酒を飲むことになる。

現代文明は夜を追放したなどという。銀座や新宿には夜がないという。しかし、ケンヤー族の饗宴には昔から夜がなかった。夜のなかで夜の夜がむっくりと起きあがり、自分が夜の妖怪のなかの一人になるのだ。

頃あいを見はからって、アガタ（彼女たちはたがいにクリスチャン・ネームで呼びあっていた）が私の腕をつかんで引っぱっていった。その部屋には若者たちが毛布をかぶってザコ寝していた。アガタはそのあいだに場所をつくって私をさそった。境界を越えようとしたのである。

いったい、境界の向う側に何があったのだろう。

男女の性だろうか。闇だろうか。他界だろうか。

昔からよくいわれているじゃないか。子どもは闇から生れる、他界からやってくる、と。森のなかに闇があるだけじゃない。人間にも闇があった。人間は闇から生れ、闇のなかへ帰っていく。怖ろしい闇。

――私はそのとき、残念ながら、人類学研究者に戻ってしまった――。

――しかし、一瞬にして私は覚醒した――。

自分があり、あなたがある。

自分があり、木がある。

自分があり、川がある。

そのあいだに境界線はなかった。

ましてや、言葉によって築かれた壁などなかった。そのあいだに疑問符「ナゼ」はなかった。

現代科学の致命的な欠陥、それは、「ナゼ」と問い、「ナゼナラバ」と答えることである。言葉によって分類し、命名し、断片化し、バラバラにした上で、それぞれのピースを接着剤ではりあわせる。ジグソー・パズルのやりかたである。

それでは、人間はいつまでも宇宙という画面の外にいる。

無限の木は育たない。闇が切り捨てられているのだ。

私は、かつて首狩り族として怖れられていたケンヤー族の村で、このことを深く学んだ。

私は三カ月ののち香港を経由して帰国した。飛行機が離陸して台湾海峡の上空を飛んでいたとき、なぜか、涙があふれてきた。

ケンヤー族、何というやさしい人びと——。

註

（1）マレーシア、サラワク州の大河、源流部にケラビット族の住むバリオ盆地があり、下流に石油の町ミリがある。ケンヤー族はその上流部に住んでいる。

宇宙と交感する――身体という自然――

旅の風景

「何か、目の覚めるようなことはないだろうか」。

「どこかで、魂のあわだつような場面に出会わないだろうか」。

そういう期待をこめて身のまわりを見まわし、これからたどろうとする旅の出来事を予感する。そこでハッとして立ちどまり、何事かに気づき、また、歩きはじめる。

これまで自分のやってきた海外調査をふりかえってみると、同僚の人類学者にくらべて旅の要素が多かったかもしれない。ひとつところに一年も二年もじっとしていないで、二、三カ月で切りあげて旅から旅にでる。その旅のなかの民族と風景との出会いのなかで考えてきたように思う。

ボルネオのバラム川中流で川船をおり、空をわたっていく鳥の声を聞いていたことがある。ピッ　ピッと鳴き、ピーポー　ピーポーと鳴き渡っていく。その十数種の鳥の声をノートに書きとめたことがあった。それでどうなるものではない、ということはわかっていたが、その声を聞き、飛ぶ鳥の見えない足あとを追っているうちに、そこから新しい自然の断面が見えてくるのではないかと思った。

同じボルネオで、イガン川を下ってメラナウ族の村を訪ねたことがあった。サゴ椰子をうえてサゴ澱粉をたべている民族である。帰りの川は一面の霧だった。船の航跡が霧のなかにとけこんで、白一色の世界のなかにボーッとして自分だけがいるようであった。船尾に立って、白い霧のなかで自分の調査のゆくえを尋ねあてようとしたが、うまくいかなかった。

北部タイの山のなかで、ムッソー族の家に泊り、村の青年が耳もとで聞かせてくれる口琴のメロディーに耳を傾けたが、その音はあまりに低く、蚊のつぶやきに似ていた。しかし、身をよせあって、蚊のつぶやきによって交感しあっている恋人同士のメッセージは一体どういうものだろうかと思った。

同じ北部タイの河港チェンセンから小船にのって、タイ、ラオス、ビルマの国境に行ったことがある。国境の村に着いて船をおりたところで国境警察官にとがめられた。「どうしてこんなところに来たのか」「目的もなしに来ることはないだろう」というのである。あれこれとやりとりしているうちに、彼は気がかわったのであろう。すぐそばの葦の生えた中洲を指して、「美しい中洲じゃないか」といった。

何の変哲もないメーコン川の中洲、その砂の堆積を指さして美しいという。このときの感覚の齟齬《そご》を出発点として、私はこの世とあの世、地上世界と天上世界のあり方を推理したことがある。(『草木虫魚の人類学』)

それは目前の風景のなかから構想された宇宙であった。

北部ラオスの、そこに滞在していたパ・タン村の水田のなかにとり残された森に入って小便をしていたら、すぐ近くにホー・ピー(カミの家)があった。このホー・ピーが出発点になって、日本の神と東南アジアの神を比較する道がひらけた。高さ一・二メートル、カヤ葺きの、押せば倒れそうな小屋であった。小屋の棚にロウソク二本とグラジオラスの花が供えられていた。

バラム川上流の、ケンヤー族のロング・サン村にいたときは夕方になるといつも水浴した。まるい、拳《こぶし》ほどの大きさの石がびっしりとしきつめられた川岸を歩いて、川べりで衣服をぬぎ、水にひたる。流れが急だから、水のなかに身体を沈めていると、そこで川上の水と川下の水が出会ってピチャピチャと波立っていた。川下は石油の町ミリを経て現代文明とつながり、川上は目に見えない川を通して天上の世界とつながっていた。私は、私のアイデンティティーをどちらに置くこともできた。しかし、そのときはそういう位置づけから離れて、ひたすら、流れに身をひたして目のまえにそびえる濃い緑のカルロン山を見つめながら、透明なやすらぎを味わった。

もちろん、民族の文化、社会のなかにも、旅の調査者をハッと立ちどまらせ、その面白さのなかにひきこむようなものが少なくなかった。

凧あげ、毬投げ、羽根つき、コマ廻し、お手玉、あやとり、縄とび、綱引き、ブランコなど、そのなかのどのひとつを取りだしてみても、その遊びの全容を記述するのは容易なことではない。凧には、そのとき、そのところの凧の宇宙があり、コマには、そのとき、そのところのコマの宇宙があった。単に、ゲームの道具と遊びのルールを書きとめればそれですむようなものではなかった。

コマは村の広場で遊ぶ子どもの遊びだとしても、そのコマの材質と形と遊び方のさまざまは、いったい、何事をしめしているのであろう。マレー半島の東海岸の町コタバルは有名なコマ廻しゲームの中心地で、そこでは円盤型の、直径二、三十センチのコマの回転時間を競って大人が熱中している。そこではコマは遊び道具であることを超えて、人びとを回転するコマ宇宙に引きこんでいた。コマを語ることはコマの哲学を語ることであった。

ブランコはラオスの平地住民のあいだでは民家の床下に吊り下げられた縄の遊びであった。その単調な運動に子どもたちだって、ほとんど飽きあきしていた。ところが山地民であるアカ族のブランコは、海抜千メートルあまりの尾根の稜線上にあって一種アクロバティックなゲームであった。いや、それだけではなく、その運動が太陽の運行を模倣し、それを再現するものとして多産と豊饒を願う祈りを表現していた。ブランコのリズムが、そのリズムを乗せた風の波長が、山地の陸稲畑を吹きわたることによって、ゆたかな実りを期待する。稲だけではない。女性だって、ブランコに乗ってゆらゆらしているうちに妊娠する。そう信じられていた。そういう宇宙的な解釈がなされていたのである。ネパールの稜線上のブランコも、それが秋祭りの行事であることによって、民族と自然のよろこびの表現であることに変りはなかった。

遊びは、おおげさのようであるが、あくまでも宇宙のなかの遊びであり、それゆえの魅力、それゆえの面白さがあったのである。——「子どもの遊び百科」といったたぐいの本があまり面白くないのは、遊びの背景に目が注がれていないからである——。

遊びだけではない。村という社会の構造、村としての文化の動態にしても同じことであった。祭りをはじめとする季節の行事、冠婚葬祭に集約される人生の行事、それらが伝統的な行事として年ごとに行われたのは、四季の背景があり、それが農耕の作業——牧畜も同じであるが——と同調していたからなのである。舞台の上で演じられるドラマにも、たとえ松の木ひとつ、山と雲だけにしても、背景としての自然が必要だったのである。

ロングボート（ボルネオ）

道ばたのイコン（ネパール）

自然があり、自然を通すことによって、そこに人間生活の多様性が浮きだして見えたのである。人間集団の内部にだけかかわるものは不安定なのであった。

――ここで倫理、宗教だって回りまわって自然がその影を落としているといいたいのであるが、ここでは省略する――。

自然と人間とは連続している。そのあいだに切れ目がない。そういいたいのである。

バラム川を遡上しているとき、あるところで川面いちめんに散りしいた木の花の花紛を見た。岸にちかい川淀だった。その川面がゆったりと流れ、ところどころで渦をつくり、また、ゆっくりと流れていった。この光景は自然には違いないけれども、私の目、私のこころにただちに反応をよびおこし、身ぶり、手ぶりを招きよせ、ひいてはそれを凝縮した言葉、つまり詩に変形させることになった。

旅に出る。目的地にむかい、そこに到着し、出発点に戻る。旅のなかで、日ごとにあらたな風景をつみかさね、それまでの年月の風景の堆積を削りおとす。

旅は異文化、異民族のこころの中心部に近づくための不可欠の条件であった。

旅の身体感覚

旅に出るのは自分自身である。しかし、旅の自分は日常の、茶の間の自分とは違う。

旅の道中では、からだとこころとたましいは別々に働かない。あるときは自分が目だけになってしまう。あるときは手だけ、足だけになる。泥のように眠るなどというから、眠っているときの自分は泥なのかもしれない。ヒマラヤ山脈のような気高い山々の稜線を目で追っているときは、目で見ているその視線の動きが自分の感動の起伏になる。目がこころになってしまう。全身これ全心になってしまう。そのとき、キラキラと輝いている雪山の光は、ひょっとすると魂なのかもしれない。それが自分の魂であることに間違いはないが、自分だけの魂なのか、もっと普遍的な、生きとし生けるものの魂なのかわからない。しかし、それはからだという質料、あるいは機械ではなく、こころという動く形でもなく、たましいとしか呼びようのない生命エネルギーの根拠地のように思われるのである。

旅のなかで、そういう身体感覚が身につくのである。宇宙的な身体感覚といってもよい。五体投地をくりかえしながら、何カ月、何年もかかるカイラス山巡礼に出発する。かれらにとっては一日に何回か口に押し込んでいのちをつなぐツァンパ（青稞麦の炒《い》り粉をこねたもの）と、乾いた土のような麦こがしとそれらの容れものがからだで、尺取り虫のように一寸きざみに進んでゆく動作のかたちがこころ、そして目的地にそびえる、あるいはイメージのなかにかがやく聖なる山、カイラス山がたましいなのであった。

旅のなかで、からだ・こころ・たましいはこういうふうに感じられるものではなかろうか。そしてこの身体観の方が、常識としての、眠っているように平和な、日常のそれよりも本質的なものではないだろうか。

もちろん、旅だけが自分の本質を露呈するために不可欠なものだというわけではない。私はいま縁《えん》にすわってわが家の小園を見ている。今日は雨だ。しかし、雨にぬれた新緑の木々もなかなかよい。そうだ、この風景を絵に描くことにしよう。そう思って、頭のなかにキャンバスをひろげ、手に持った見えない絵筆を動かす。自分の全身が絵筆の動きになって木々の輪郭をたどる。虚空に図画するのだ。

泰山木のかたち、その楕円形の、さきの尖った葉をこう描く。カエデの葉のギザギザをこう描き、あの木の枝ぶりはもうすこし面白く変形してみよう。折り目のいっぱいつまっているマンサクの葉っぱはとても面白い。あの葉っぱを拡大して描いてみよう。白木蓮はまだ花が咲いていない。しばらく待って、咲いた花の位置を工夫してみようか。花はまだだけれども、不思議なことに、頭のなかにはすでにあの大輪の白い花がポッカリと咲いている。それを描いてみようか。

葉っぱのかたち、木々の枝ぶり、見える花と見えない花がそこにあらわれて、次から次に絵筆の動きをさそう。私は草木の魂にさそわれるように想像力のなかの画面をつくりあげる。

このとき、絵を描いている自分のからだは——やれやれ疲れた、お茶でも飲もうかと立ちあがった時を別として——自然の万物のなか、無意識のなかにある。気づかない。座布団や廊下の床板やその下にひろがる土地と一体である。筆の動き、手の動きは私のこころの軌跡、その表現である。たましいは草木のかたち、花や葉のかたちと大空——あるいは宇宙——との接点に明滅している。それは、そのとき外部にあって、呼べば答えてくれるたましいである。

からだは土、こころは形。たましいは自分と大空との接点にあるといったらよいだろうか。いや、大空そのものだろうか。

自然が人間に何事かをつたえる。それを人間がうけとめる。ある意味でコミュニケーションのしくみを考えているわけであるが、一般にコミュニケーションというと、人間中心の立場に立って、集団のなかの個と個、脳と脳の回路をどう結びつけるかが問題である。言葉によるコミュニケーションを指すことになる。

そういうものから離れて、人間の群れ中心の戦略的コミュニケーションではなく、自然中心のコミュニケーションを考える。自然が人間に送り出している信号と、その受容のしくみを考えるのである。言葉ではなくて「暗黙知」のなかの相互理解といってもよい。歩く、さわる。見える、きこえる、匂う。情報ではなくて、存在の本質の交換。

二本の若木が並び立っているとしよう。次第に生長して枝を張り、葉を茂らせ、花を咲かせる。その花と花とを媒介して昆虫が飛びかい、受粉させ、実をみのらせる。花と実のコミュニケーションで、従来、われわれが学んできたのはこれである。ところが二本の木を共にささえている土壌がある。特別に水や肥料の心配をしなくても——自然のままで——二本の木は並んで生きている。生き生きと天地のあいだに位置をしめている。

岩むろの　田中に立てる　ひとつ松あはれ　一つ松　濡れつつ立てり　笠かさましを
一つ松あはれ（『良寛歌集』）

この歌になると、一つ松の姿からつたわってくるものが良寛にとどき、その良寛が今度は松に笠をきせ、人間に仕立てて、共感している。ともに同じ大地に生きるものとしての共感である。一つ松だから木と良寛が兄弟になった。二本松だったら、木と木が兄弟となり姉妹となって交流するだろう。地を通しての交感。

切り花と切り花が、同じガラス瓶の水を共有する。これが華道の極意ではないかと私は思っている。

水がからだで花がこころ。たましいは空。

ここで、私のいいたかったことは、自分というものをからだ・こころ・たましいとして表現したばあいに、そのあらわれかたが二様だということである。その一は、日常的・常識的なそれ、人間機械論に帰着する——したがってたましいは認めず、こころは脳に帰着する——ときのそれであり、その二は、いわば非日常の、旅のなかの、身体が湧き立つようなときのそれである。コスミック・マンの、つまり、この地球《ジャンブ・ドゥイーパ》はもちろん、月や星や神々や地獄を内包するからだ、たましいを含むからだである。

その上で、私は後者の方を人間の原型とするのである。

自然と交感しながら旅していると、自然のなかにこういう構造の自分があらわれていることに気づくのである。

交感する宇宙

目のさめるようなこと、驚きと感動から出発して自然のなかの自分のトポロジーをたどってきた。そこでふりかえると、新しい自分イメージが見えてきた。開かれたからだ・こころ・たましいである。

ただし、こころとたましいについてさらに考えると、こころは一過性で、火花のようで、変転してやまない。こころはたましいの持続性におよばないことがわかってくる。もちろんこの点はさらに検討しなければならないが、古代人がそうであったように、『万葉集』にもその傾向がのこっていたように、人間のかたちをからだとたましいの二元性に還元してはどうかと思っている。こころを捨てる。からだとたましい、表と裏、柄と地、図柄と余白に対比しようとするのである。

そうなってくると、こういう構造をもった人間が、さらに新たな旅に旅立ち、宇宙的な存在と共鳴しながら、宗教の世界にみちびかれていくように思うのである。

そういう旅人は自然のなかのどういう道をたどるか、どういう道が旅人を自然の奥深くさそいこむか。

ふつうはこのへんで欧米の人類学者が登場することになるのだが、ここではそれをしない。問題が自然にかかわることだから、どうしたって東方の先輩たち、詩人や宗教家たちに親しみを感じてしまうのである。それに、私は日頃から文明の神は原始のカミを含み、神の観念はカミの経験から出てこなければいけないと考えているものだから、どのように精緻な理論だって常に自然のなかで再検討され、宇宙との対話のなかから新たに誕生してこなければならないと思っている。自然に問うことからはじめたいものである。

そこで日本を代表する二人の大宗教家に登場してもらうことにする。親鸞と道元である。そうすると、まず思いおこされるのは親鸞の自然法爾《じねんほうに》である。

自然法爾といえば簡単に、自然にそうあるがままにということかと思ってしまうが、親鸞自身の言葉は意外に屈折していて、むずかしい。たぶん、その理由のひとつは親鸞の時代の自然という言葉と、現代のわれわれがそれにたいして抱く思いこみとのあいだのズレが大きいからであろう。われわれは山河大地の自然について親鸞の言葉を聞きたくて仕方がないのである。がしかし、親鸞の時代、親鸞とともに生きた人びとのあいだには、観照し働きかける相手方としてのネイチャーはなかったのであろう。

ここで、そういう言葉の歴史にこだわっていられないので、また、ここはその場所でもないので、そこでやや乱暴だけれども一気に親鸞の宇宙を素描してみたい。

大きい円を描いて、それを親鸞の宇宙とする。そうするとそこ（円の内部）が自然法爾のところであり、おのずからしからしめられてあるところである。しかし、そこは同時にアミダ如来のいらっしゃるところでもあって、アミダ如来は常に外にいる人びとを招き入れようとしていらっしゃる。その働きが同じなのである。だから、自然といったときはアミダ如来はかくれているし、アミダ如来といったときは自然は見えない。親鸞は自然（しぜん）といわずに自然（じねん）というけれども、じねんをしぜんと読み替えてもよいようなところが、ないわけではない。われわれのいう自然（しぜん）の奥に自然（じねん）が働いているからである。

いずれにしろ親鸞は目に見えない宇宙の消息をわれわれに知らせようと力をつくしている。そこで、円の内側にいるのが無上仏でかたちのないものだということになる。虚空の身、無極の体になった人がそこに住んでいるということにもなるわけである。そこを極楽といい浄土といいかえてもよいだろう。とにかく、不思議なところなのだ。

それでは円の外にいる人はどうしたら内側に入ることができるか。自力ではなくて、如来の御誓いによってそうなるのだといわれるが、これを自然《しぜん》の側におしやっていえば、自然というもののうちに、もともと、そういう動きが組みこまれているのだということになる。

外にいる人が名号をとなえて内側に入ることになるのだけれども、それは切符をもって改札口を入るように、並んでゾロゾロと入るわけではない。一人ずつ入っていく。一人ずつ外の人が内の人になる。しかし、もともと親鸞の宇宙に境界（線）はないのだから――ここでは仮に円を描いたが――内側に入ったと思ってホッとするのも束の間のことで、内と思ったときはすでに外にいる自分を発見することになる。

だから、法蔵菩薩でなくたって、一人だけ内部に入ってやれやれというわけにはいかない。万人が、生きとし生けるものが同時に極楽に生れ浄土に入りおわらなくては結着がつかない。外部があっては完結しない。だからどうしたって、往相・還相が同時ということにならざるをえない。同時のなかの往還なのである。

名号は切符じゃない。それを手にして「動く歩道」にのるわけではない。「窓」のようなものといった方がよいだろうか。私のように目だけにたよって考えているものにとっては、名号は不思議な言葉だ。

春の山にのぼって国土を見わたし、その国土を褒めたたえる。歌う。そうすると国土のゆたかさをしめすかのように、草木の緑が生き生きとよみがえり、カモメが飛び、家々から煙が立ちのぼる。そのように歌が、言葉が、風景を目覚めさせるのである。

親鸞の宇宙はそれと違うといわれるかもしれないが、こういう光景の出現とその方位を同じくしているとはいえないだろうか。宗教の言葉と民俗の言葉は、自然の奥底からみれば、結局のところ同じであり、また、同じでなければならないと思うのである。

呪言、いや、まことの言葉を聞く。そしてそこから一歩足をふみ出すと同時に光にあふれた宇宙がパッと迫ってくる。その不思議、その嬉しさ。

われわれが旅に出るのも、あえぎあえぎ山に登るのも、そういう光景に出会いたいからなのである。

それでは道元の場合には、そこにどういう自然が見えてくるだろうか。

道元の言語宇宙という言葉がある。言葉によってキチッと、緊密に組みたてられた宇宙ということであろう。精密機械を連想してしまう。

はたして、道元の宇宙はそういうふうにつくられているだろうか。そういう宇宙を打ちくだくような考え方を、道元はもっていたのではなかろうか。

今は、試みにそれを円に描いてみる。円が宇宙である。われわれはその外側にいる。その宇宙に対面して坐り、瞑想している。じっと見つめている。その前に近づき、境線に触れ、筆でその宇宙の全貌を描こうとする。そしてついに、一歩、その内部に入る。そうするとハッと気づくのである。

絵を描くのは自分で、描かれているのは宇宙と思っていたのだが、実はそれが違っていたことに気づくのだ。

そこでは山は、自分が画家になって、山の姿を描いている。木は、自分が画家としてその枝ぶりを描き、その葉っぱの姿をととのえている。川は、自分が画家になって、その透明な姿をかたどり、白い水脈を曳いている。草は、やっぱり自分が画家になって、ほそい緑の線をかさねている。それぞれに筆は違い、絵具も違うけれども、森羅万象がそれぞれに画家だったということは間違いない。そして、自分は無数の画家のなかの一人の画家だったのである。

この見方は『正法眼蔵』の「画餅」にあらわれた道元の自然観といってもよいと思うが、

そこには言語宇宙などというものはなく、それぞれに自分の主人公である画家たちが、それぞれの自分宇宙を描きながら、共同生活していたのである。そこで主人公と主人公が出会ったのである。人であっても、木であっても、同じことであった。

旅人はそこで、指揮者のいないオーケストラの前に立って耳を澄ませていたのである。もう一つ、道元の宇宙の性質として書きとめておきたいことがある。それは、飛鳥は飛空だということである。「坐禅箴」にでている思想である。鳥が飛ぶのは、空が飛ぶのだという思想である。

先日、北部タイのチェンマイ近郊の村で寺の行事を見たが、そのとき、境内に村のおばさんがいて籠の小鳥を売っていた。一羽あたり一〇バーツ払うと、籠をひらいて小鳥を放つことができる。スズメより小形で腹にこまかい紋様のある小鳥が、パッと空に飛び立つ。言わずと知れた放生の行事である。

わたしは二、三度やってみたが、なぜか、とても面白いのであった。どうしてだろうと考え考えしていてフッと思いあたった。小鳥を空に放つのは、小鳥のいのちを助けることだが、楽しいのはどうもそれだけではなさそうである。小鳥を助けるのは、空を助けることだった。いや、空に助かっていただくことだったのである。「鳥飛」はたしかに「空飛」だったのだ。

こういうふうに旅をかさねて歩いていると、いたるところでハッとするような驚きに出会い、目の覚めるような新しい眺めに見とれてしまう。そうすると、こちらから向うへ、目的地への道をたどっているのだけれど、なぜか、目的地が、山が、川が、木が、向うからこちらに歩いてくるのに出会うのであった。

風景のなかへ――アニミズムの風景学――

カミのいる風景

「森林が（自然破壊がとまったあとで）ふたたびそのすがたを回復したら、あらためてその森にはいって、瞑想し、思索して人類のゆくえ、文明のゆくえをかんがえなければならない。

自然と人間との一体性をとりもどさなければならない。

しかし、一体性をとりもどすといっても、頭のなかでかんがえ、感覚でとらえるだけでは不十分である。どうしても宗教の世界にふみこんで、自分と自然、自分と宇宙の接点を体験し、その意味をかんがえつづけなければならない。

その接点にたどりついて、宇宙と対話する。その接点にたって、自然と友だちになる。ひょっとしたら、そこで神に出会うかもしれない。いや、神じゃなくて、それはがっしりした巨木の幹かもしれない。

ひょっとしたら、そこで自分のたましいが光るかもしれない。いや、たましいじゃなくて、草むらのなかでトカゲの目が光ったのかもしれない。

われわれは自然のなかの自然、その根っこのすぐ近くまできているのかもしれない。そうかとおもうと、いくら歩きまわっても神が見えない。たましいがどこに点滅しているのかわからない。そういうおもいから、あたりを見まわしてたずねあぐみ、失望することもあるだろう。

ホントに、そういうことがあるかもしれない。

しかし、神は見えなくても、神をふくむ風景、魂のやどる風景はくっきりと見えているはずである。だって、きみはいつだってそういう風景にとりまかれているのだから——」

『からだ・こころ・たましい』（一九九〇年、ポプラ社）という、一応は子ども向けの本、実は自分自身のための本のなかで、そのいちばん最後の節で私はこう書きつけた。

石や、草や、木や、トカゲや、カラスのなかに、ときとして魂が宿ることがある。われわれはそこでカミと出会うことがある。そういうアニミズム、あるいはこれまで繰り返し述べてきたような新アニミズムの世界はそれとして、さらにそれらを含んだ風景がわれわれの前に見えている。いや、われわれをやさしく包んでいる。草木虫魚のなかにひそむカミに出会う前に、われわれはすでに、それらを含む風景のなかにいる。

自分の前にひらかれた風景、あるいは記憶のなかにあって忘れ得ぬ風景。いったい、その構造はどうなっているのか。ここでどうしても風景論に登場してもらわなければならない。

風景論は風景画論に接し、山水画論につらなっている。だから、古来、数多くの論考、文献があり、思想のさまざまな枠組みが検討されてきた。それはまた風景画の実作と創作理論とも密接にかかわっているから、思考の手がかりはすこぶる多いはずである。しかし、なぜかしら実際にはわれわれに役立つような試みは多いとはいえない。風景の歴史のなかから骨太い論理の展開が導きだされていない。実作者と批評家は違った方向を見ているらしい。もっとも、そんなことをいうほど私はこの方面にくわしくないのだけれど、身近に何人かの画家がいたこともあって、子どもの頃から風景画が好きで仕方がなかった。こんなことをいうと笑われてしまうが、小学生のころ美術全集でみたコローの森の梢が、今もって私という空間のどこかで風にゆれているのである。風景画の好きな素人という立場に免じて、これから自分流の風景論を展開させていただきたい。おおげさなものではない。私にとっても出発点である。

風景をたずねて

今年の夏の始めのことである。私はたまたま関係している二つの大学〈大谷大学と精華大学〉で――私は文化人類学関係の講義を受けもっているのであるが――学生諸君に〈わたしの風景論〉というレポートを書いてもらった。あらかじめ二、三回、風景に関する私の関心のあり方を説明したあとで、あくまでも自由に、しかし、多少とも多めに、数枚から十枚ぐらい書いてもらった。

レポートはとても面白かった。びっくりするような風景の思い出と風景へのあこがれを書いてくれた学生も少なくなかった。

ここでそれらをそのまま披露するわけにはいかないので、それらをよく読んで、私の見方、私の解釈、私の想像力によってまとめて紹介することにしたい。若者の風景論というか、現代人のこころの風景というか、それらが私の内部によびさましてくれた風景の構造である。

以下、要約して、箇条書きふうに述べる。

(1) ひとくちに風景というけれども、われわれが対面しているのは、山や森や川や家並であって、それぞれが自然のある種の姿には相違ないけれども、それをただちに風景というわけにはいかない。自分と自然とのあいだには柵がある。垣根がある。その垣根をとりのけ、柵をひらかなければ、そこに風景があらわれてこない。だから風景はいつも窓の向うにある。その窓が、自分と風景との通路になっている。絵の額ぶちになっているといってもよい。文化の枠組みといってもよい。自然をどういう角度から、どういうふうに、どういう範囲で切り取って見るかという文化の慣性《エナーシャ》が窓である。また、窓を門といい換えてもよい。門の向うに風景が見える。門の手前の桜並木もふくめて——桜が咲いて新入生が学校に向かうように——そのひとの属する文化の装置が、そのような方向性をもった風景をわれわれの前にしめすのである。

風景を見るための方向性といったけれども、それは日常の生活世界のなかの文化のしきたり、伝承してきた暮し方の価値意識と同じことである。日常性のなかでは、ハレではなくてケの風景が慣れて親しみ深いものとなって見えるのである。

だから下宿の窓から見える風景にやすらぎを感じ、故郷の風景が一番ありがたいということになる。それまでは平凡でつまらないと思っていた故郷の風景が、遊学先の京都から久しぶりに戻ってみると、意外によい。落ち着く。やっぱり故郷の風景が一番だということになる。

毎日、そこでバスを待っているバス停の風景を見ると何となくやすらぐというひともいる。物干し竿に洗濯物がゆれている風景のやさしさがたまらなくよいというひともある。身のまわりの、熟知の、長いあいだ見馴れた風景の場合には、窓、枠、額ぶちもあって無きがごとくなのである。

自分がそのなかにいる室内の風景がそれである。そこに生れ、そこに住みつづけ、そこに死ぬ村の風景がそれである。

(2) 窓から外へ出る。門を開いて風景のなかに歩み出す。そうすると、いうまでもないことであるが、窓枠が消え、門が開かれて、そこから風景が自由に展開することになる。故郷の枠を破って、風景のなかに歩み入っても同じことである。

(3) そうすると風景と自分のかかわり方に応じて、そこに多様な風景が展開してくることがわかる。

1. 子どもの頃をふり返ってみると、風景と自分が直接無媒介に一体になっていた。森へ出かけて、カブトムシやクワガタをつかんだ。魚をつかみに行って川へもぐった。そのとき、森と自分、川と自分が一体化しているのを感じた。一体化した風景が波立つといってもよい。自然と皮膚が、感覚器官が直接に接触していたといってもよい。

そのとき、故郷をめぐる自然が子どもにインプリントされたと考えることもできるが、そこまで考えない方がよいように私には思われる。風景と人間との関係性の自由さを大事にしたいのである。

2．そこを出発点として風景のありようは多様に展開する。

季節の変化に応じてこまかに変容する風景に見入っているひともいる。地形、地貌の変化がそれぞれちがった風景をあらわすのだ。その風景が人間の顔に刻印され、表現されていると感じることもある。山住みの人は「山の顔」になり、海辺の人は何となく「海の顔」をしている。人びとの顔が風景のなかにピッタリとはめ込まれている。立体的な風景がジグソー・パズルの絵のように平面になって、それぞれのピースがそれぞれの場所にはめ込まれている。

3．ハレとケの風景があることにも気づく。ケから脱却して、ハレの風景の前に立つ。そうすると、そこで神秘、荘厳を感じる。

昼の風景とともに夜の風景に注目するひともあらわれる。そのとき、風景は時間とともに徐々に変化するのか、それとも、もともと風景のなかに含まれていた二つの顔が入れ替って見えてくるのか。とにかく、「私は夜の風景が好きだ」というひとが少なくない。また、昼と夜の境界にあらわれる夕べの風景、夕やけ雲の風景を好むひとが多いのには驚いた。青年は夕やけを好む。いや、青年は夕やけに似ている――二十にして心すでに朽ちたり（李長吉）というが、青年に共通する心情とその立場があるのだろうか。境界性である。そのとき、心が「朽ちる」のだろうか、それとも風景が悲しむのだろうか。

もちろん、その風景を見ている自分の方位によって、風景が違って見えることはいうまでもない。同じ比叡山だって、方位によっていくつもの顔がある。そのとき、見ている自分の顔も――こころも――何と多様に変化することであろう。自分と風景とがたがいに映しあい、映りあって、ゆるやかな風景のひろがりが展開していくのだ。

4．年をかさねて、あるいは多くの経験を積むにつれて、また、違った風景に関心がよせられてくる。垂直に上から見る風景、山から俯瞰する風景が好きで、それを見るためにだけ山登りするというひともいる。高いところから見おろすと、市街の家々は豆粒をばらまいたようで、家も人もさだかに見えない。自分から遠く離れた別世界の風景として見える。自分ともっともかかわりのある世界が、そのとき、かかわりなきものとして見える。

臨死体験の一つとして、自分の魂が病室の天井にのぼって、そこからベッドの上の自分の死を見つめるということがあるらしいが、山の展望台からわが街を見おろす気分も、それと通ずるところがある。自分のうちに自分を含む風景をとり込み、それを客観視するのだ。死の彼方から生の営みを見おろすといってもよい。なかには、自分の居ない風景、自分を含まない風景が好きだというひともいる。自分の生死を含まないのだから、ある種の永遠の風景がそこに現出するのだろうか。

一種の既視体験についても述べられていた。複数例あった。自分の母がしばしば話してくれる夢の風景について、あるとき、祖母が「それは比叡山の奥のしかじかのところにある」といったという。そこで実際に母がそこを訪ねたところ正しくその通りだった。母はその後しばしばその風景を見に行くことになった。その風景を見るとこころが落ち着くというのである。奇妙な時間のなかの風景である。

それまでに経験したバラバラな風景が次第にまとまりを持って統合された調和のある風景が見えてくることもある。それと同時進行して、バラバラな自分がやがてまとまりを持ってくる。自分と風景のあいだに親和力がはたらき、たがいに呼応するように成長する。自分が風景を含む自分になるのだ。

風景によって自分が自分になるといっても、その機縁が必要だ。ハッとする、驚く、魂を奪われる。異時空のなかに立つ。その機縁によって自分が風景と同化してしまう。

5．出来事のなかで風景が光るということがある。イベントのなか、祭りのなかといってもよい。現出されたハイの状態のなかで、突然、風景が立ちあがるのだ。

病院のなかの母の病室で室内のスイートピーと室外の木々が一枚の絵になっていつまで

も忘れられない。亡くなった祖父を思い出すたびに、一緒に登ったことのある蔵王山の風景がよみがえってくる。それは祖父と切り離せない風景であり、死の向う側から送り届けられた風景でもある。

そういえば、古い家族のアルバムを繰っていてそのなかの人物はそれぞれ成長しているのに、背景の風景がいつも同じであることに気づいて驚くことがある。いったい、その風景の前で何が起ったというのだろうか。同じ背景の前で演じられたドラマというだけには終らない。無限と有限が同居している不思議が見えるのだ。風景は能舞台の松に似ているかもしれない。あれは松ではない。神の依り代なのだ。いや、風景の核なのだ。

変な話だけれど、どうしても治らない皮膚病の部分を見ていると、そこに自分のなかに喰い込んだ風景を見る思いがする。外部の雲の模様が内部のカサブタになってしまったのだ。その風景が妙にかゆいのだ。

6. 風景は多面体だ。山があり、森があり、川があって、ゼラチンのような空気に包まれている。それを一枚のキャンバスに描けば風景画だが、風景はそれ以外に縦横無尽の面をもっている。ダイアモンドみたいだ。すべての面が光り、その内部に光の核がある。いや、核じゃなくて音だというひともいた。音のまわりに風景が結晶する――。

風景のなかの多くの面が、自分のなかの多くの面をさそい出すのだ。

風景のなかにさらに風景がある。多層多面の風景、それが目の前の風景なのだ。その風景の核に鏡があってキラキラと光るのだ。

風景は鏡だ。そこに自分が映っている。そして自分のこころを、いや、自分そのものを変えてくれる。心（魂）を奪われることだってある。そうすると、その風景から自分という形がなくなってしまう。

風景と自分との関係は綱引きに似ている。引きつ引かれつである。子どものころ、われを忘れて森のなかで遊んでいるうちに夕暮れとなり、森が一変して黒い怪物になって追いかけてきた。一面の闇となって追いかけてくることもある。ゾーッとする怖ろしさだ。また、東の空にうかぶまるい月の姿に見とれていたところ、一瞬、月が赤くなって追いかけてきたことがある。走って逃げたが、月は中天を移動しながらどこまでも追いかけてくるようであった。

生きものとしての人間を理解するのに遺伝子一元論をいうひとがある。しかし、私には賛成できない。風景が、空が、からだのなかにしのび込んでいるからである。

学生の一人に水泳選手がいた。大選手らしい。つねに一秒の十分の一、百分の一、千分の一におのれの存在をかけている。そのかれがいうに、「自分のこの姿は仮の姿だ」と。ホントの姿は魚であった。魚がそのときだけ人間になっていたのだ。

風景がどこどこまでも付いてまわる。誰一人として風景から逃れられない。自分が成長し、変身すると同時に、風景もまた違ったふうにあらわれる。

7．チベットの風景が見たい。それが自分にとって究極の風景じゃないかと思っている。そう書いたひともいる。いや、一面のレンゲ畑、そのピンクのじゅうたんこそ、自分の見たい風景だ。いや、私にとっては海の青がそれだ。いや、空気がそれだ。無色透明の空気、その見えない風景のひろがりを見ることがあこがれなのだ。そうだ、闇でもよい。その奥へ誘い込まれるような闇の風景、それが自分にとって一番魅惑的だ。そういう怖ろしいことをいうひともいた。

8．自分の目だけで、何の道具も使わずに見えてくる風景。虫眼鏡ひとつ使わずに、脳細胞の積極的な介入もなしに、何の作為もなく自分の内部にそびえ立つ風景の数々。それがここに示されている。すばらしい風景ではなかろうか。

それは「一中一、一切中一、一中一切、一切中一切」という重々無尽の世界が、ときどきにその面を変えてあらわれる風景、見えて、見えない風景といってもよい。

それはまた、金、銀、瑠璃、玻璃などの宝石で飾られたキラメク風景、どこからどこまでも黄金だけでできている、光の国土の光の風景でもあった。

いや、そんなことはなかろう。それはそういう風景のカケラ、断片にすぎないといわれるかもしれない。しかし、カケラは、やっぱり全体である。

(4) 自分の前に風景があらわれ、それが立ちあがり、こちらにむかって歩いてくる。そのなかに一歩踏み込み、二歩、三歩、歩み入り、どっぷりと風景のなかにひたる。これが一瞬一瞬にくりひろげられている私と風景との、その一体化しようとする世界だったのである。

われわれはわれわれのしているこの全体像を知らなくてはいけない。それが人間の最初の知恵だ。菩提樹のもとでブッダが見た風景、それがどういう風景だったかは知らない。しかし、その風景を見て、そこから出発したい。そのときブッダは菩提樹だったのだ。風景はひとつのエコ・システムだといっても、機械のような堅い構造体とは違う。そのように知の作為によって組み立てられた人間中心の構造体とは違う。われわれは、まず、人間の知を嫌う。知と呼ばれる技術の操作を拒否する。ホンモノの、無垢の知恵だけが風景の美しさを保証するのだ。

魚の風景、鳥の風景

ここまで書いてきて——ここで終ってもよいのだが——わが道元が口を極めて推奨する

宏智禅師（一〇九一—一一五七）の「坐禅箴」の一節を書きそえたくなった。

仏から仏へと伝えられた教え、そのもっとも大切な核心は知だ。その知は事物に触れることなしに知る。つまり、対象に働きかける知とは違って、もっと根源の知だ。決して作為的なものではない。だから、この知は照らすものであり、映るものであり、微妙きわまりないものだ。

その知の風景をたとえば——

水清うして底に徹す　魚行いて遅々たり
空闊にして涯《かぎ》りなし　鳥飛んで杳々《ようよう》たり

と、いっていいだろう。

水が清らかに澄みとおって底までよく見える。いや、底までじゃない。もともと、そこに底がないのだ。底を突き破って澄み切っているのだ。その水のなかを魚が行く。無限の水のなかを行く魚は水の性質を分類し、取捨選択して方向をきめているのではない。その水のなかには東西南北がなく、上下左右もないのだ。果てしもない水のなかを遅々として魚が行くのだ。物差しがないのだから魚の泳ぎが速いか遅いか、そんなことはわからない。遅々と行くのだ。

空がどこまでもひろびろと、限りなくひろがっている。天から垂れ下った空とか、地をおおっている空とか、そんな区別はないのだ。その涯しない空のなかを鳥が飛んでいく。数々のメーターで大空を分類したりすることなく、どこまでも飛んでいく。空に鳥の道があるわけじゃないが、鳥は自由に羽ばたいて行くべきところに到達する。いや、すでに到達しているのだ。

そういう風景、そういう自由な――そして鳥、魚の――主体的な動きがそれとしてよく見える、それが最初の知恵というものだ。

知の技術によって自然を守り、環境を保護する。それは大切なことだ。エコロジーは自然の姿を、その全体性をとらえる大切な学問だ。しかし、知の技術は自分を傷つける、自分の無垢なこころを傷つける。

だから風景のなかに――光の世界のなかに――エコ・システムを構想するのはよい。しかし、その反対に、エコ・システムの上に風景を見ることはできないのだ。

風景があるがままに映る鏡、あるいはそのなかに風景が浮びあがってくる光、そのような最初の知恵を忘れないでいたい。

Ⅳ　宇宙の森

森の思想・森の生き方――南の森から学ぶ――

南へ

ヒコーキのタラップを下りて大地に立つ。むーっとする熱い大気が四方からおし寄せてくる。ココヤシの葉がゆらぎ、幹がしなう。「ああ、また来てしまった」と思う。行き交う人びとの服装も彩り豊かだ。なぜか、民族服は北から南にむかって色彩豊富になる。耳にとびこんでくるインドネシア語も、母音が多くて好きだ。

一面の雪、「大地雪漫々」という北国の風景も好きなのだが、いざというと足が南に向いてしまう。

豊かさ、多様さ、くりかえし、重なり合い、折れ曲り、歪み、形がなくなってしまう。人間と他の生きもの、生きものと自然の境界がうすれ、とけ合い、たがいに移行する。そういう性質を南の国の文化はもっているのかもしれない。

文明と文化をわけていう。けれども南の国の人びとはそういう分類とはちょっと違った場所で生きているのかもしれない。人類が南方で誕生し、北へ向って進化・特殊化をとげ、そこで文明国とかいっているのだが、どうやらその道が袋小路に入ってしまったのかもしれない。南の生き方からやり直す。その必要が予感される。

イメージとしては、北から南の方向は、弥生文化から縄文文化へさかのぼることだ。宗教から呪術へといってもよい。しかし、どうしようもない「まじない」と、呪術のかたちをとっているが、人間にとってもっとも根源的で深みのある時空がキラキラしている宗教とがある。いっしょにしては困る。

人間の個についていえば、それは身体からこころへ、こころから魂への方向でもある。こころの世界は二元的で、形がある。山と海、善と悪、子どもと老人、男と女の差違と葛藤がある。

魂の世界は一元的で、形がない。名まえのない世界だ。そこはもろもろの形の「もと」だ。

南といえば熱帯雨林をイメージするかもしれない。この上なく豊かな植物世界だ。しかし、実はあの土壌はごくごく貧しいのだ。文明の手によってこわされやすい。こわれたら再生しにくい。

だから南へ行く人は、そこに現代文明の延長線上の未来を夢みてはいけない。

「南」は「東」でもなく「西」でもない。これから、未来の人類文明の場に登場するもう一つの原理なのだ。

森の思想

そこに森があるということ、それが人類にとってかけがえのないことなのだということがわかってきた。

資源としての森、地球環境を維持するための森の役割、それらがとても大切だということはわかっている。これからは、森の思想をさぐり、森の言葉に耳を傾けなければならない。

そんなことをいったって、いま冬のさ中で寒風に枝をそよがせている森が言葉をしゃべるはずはない、とだれだって思うだろう。

しかし、森には森の言葉があって、四季の移り変りとともに、華開落葉の循環を通じて、また、生きものたちの行動によって、絶え間なく人間に語りかけているのだ。

森はこういっているのだ。

「わしは君たち人間から見たら、木々が重なりあい、寄りあいながら、どこまでもつづく厚い壁のように見えるかもしれない。近寄りがたい、恐ろしい存在、暗い世界のように見えるだろう。しかし、元気をだして近づいてみると、何処にも垣根はなく、意外に風通しがよい。下草だってそんなに密生していない。

そこで人間は無数の木、無数のいのちと不断に出会うことになるだろうが、決して衝突することはない。ところどころにポケットのような空き地もあって、小人数ならいつまでだって住むことができる。ただし、機械を先頭に立てて、大挙して押し入っては駄目だ。

あの熱帯雨林の茂りに茂った森のなかに入ってごらん。面白い世界が見られる。そこでは方位がわかりにくい。東西南北がどうなっているか、目じるしの太陽も星も、いっとき、見えるだけだ。道に迷って、堂々めぐりするかもしれない。道がなくなって困るかもしれない。しかし、これも考え方次第だ。木から木へ、聖地から聖地を巡礼するのと同じことで、すこしずつ永遠の世界に目ざめることになるかもしれないのだ。

そこでは時間を忘れてしまう。浦島太郎が行ったという竜宮城に似たところがある。遊びに熱中して、時間を忘れる子どもの世界に似ている。エンデの『モモ』を引きあいにだすまでもない。忘れていた時を思いだすのだ。

森のなかで暮らすには簡素な衣・食・住でこと足りる。自分の家に貯《た》めこまなくても、すべてが森にそなわっているのだ。昔から森に住みつづけている民族を見てごらん。暮らしは低く、思いは高いのだ。そこには、人間だけの文化ではなく、森羅万象と切れ目なくつながっている文化がある。人間は縫い目のない織りもののなかの一つの模様なのだ」。

こういう森の言葉を聞くと、人間は必ず反論する。

「なるほど、お話はよくわかりましたが、われわれは今さら文明という厚化粧をおとすわけにはいかないのです。身もこころも、寒さにふるえてしまいますからね」。

こういう声が聞こえたのだろうか、どこからか、もう一度、森の言葉がかえってきた。

「君たちのいうこともよくわかる。寒さでふるえるのか、恐れでふるえるのかは別にして、未知の領域に入るにはためらいがあるだろう。しかし、ここは共生の世界なのだ。不思議なやすらぎの国なのだ。生と死を切り離して、生を恐れ、死におびえることはないのだ――」。

たしかに、森にはふかい思想がある。

現代文明が袋小路に入って、どうしようもなく足踏みしているときの難題の数々が、森のなかではすでに解決されているのだ。

その森の思想をわれわれの身体のどこかに取りこむことは、とても大切なことだ。いや、森はもともと、われわれの外部にあったのではない。

内部にあったのだ。

イバン族の音の文化

森の思想という言葉が、あたりまえのように語られるようになった。

面白い言葉である。

森も草木も、言葉をしゃべるはずがない。自分から、自分の思想を語るわけがない。それにもかかわらず、われわれは山や川や、森や木の言葉を聞きたいと思っている。そういう時代になったのだ。

人間の言葉が何となくいかがわしくて、信じられなくなったからである。

人間中心主義が問題だったのだ。人間が地球の主人公になって生きものたちを支配する。自然を征服し、制禦し、改造して、人間中心のシステムをつくりあげた上で、それを利用しつくす。そういう考え方、行動の仕方に賛成できなくなったのだ。

そこで自然の声を聞き、森の思想をさぐりたい。誰もが、そう思うようになった。

もっとも、そうはいっても、鳥の声のように草木の声が聞こえ、そこから森の思想を読みとることができるかというと、そうじゃない。将来はできるかもしれないが今はできない。そこで森のなかで、森とともに暮らしつづけてきた民族の文化のなかから、森の声、森の思想を読みとりたいのだ。

一例をあげる。それはボルネオの奥地に住んでいるイバン族の文化についてである。かれらがつくりあげた音の世界についてである。イバン族といえば、大昔には首狩りをしていた野蛮な民族だとされているが、それはかれらのホントの姿じゃない。かれらは繊細なこころの持ち主で、森のなか、家のなかから聞こえてくる音に、とてもつよい感受性をもっていた。現代日本のように「お金の文化」じゃなくて「音の文化」をつくりあげていたのだ。

なお、イバン族の生業は狩猟・採集に加えて、山地斜面をひらいて焼き畑をつくり陸稲をつくる。主食はわれわれと同じ米なのだ。

かれらは朝ごとにモミを精米して食べる。そのとき、立杵、立臼を使うのだが、かれらの臼には手の込んだ仕掛けがあって、米をつくたびに心地よい音がひびく。臼は台所道具であると同時に楽器だったのだ。

朝ごとにひびく音は村びとを喜ばせるとともに、屋根裏の大籠のなかに暮らしている稲魂の家族をも喜ばせたのである。

ドッスン、ドッスンと悪い音をたてると、稲魂は驚いて逃げ出してしまう。そうなれば翌年の収穫はおぼつかない。だから悪い音をたてる動力脱穀機は使わないという村もある。

トントントン　トントントンと心地よい音がひびき、それがリズミカルに反響すると、モミの大籠のなかの稲魂の一家は大喜びでたくさんの子どもを生む。モミの収納庫は、わが国でいう稲の産屋《うぶや》だったのである。モミは大籠いっぱいにあふれて、人間が食べても食べても、食べ尽くすことはない。

しかも、稲の魂は同時に人間の魂だったのである。

人間が死ぬと、魂はからだを脱けだして山にのぼり、雲になる。雲はやがて稲の上に棚引き、そこで稲の魂になる。

稲魂は刈り入れののち、屋根裏部屋にはこばれて大籠におさめられる。モミが精米され、炊かれて人間の口に入る。そこで稲魂が人間の魂にもどる。稲の魂が人間の魂になるといってもよい。魂が人と稲のあいだを往来するといってもよい。

この循環の世界を支えているのが音だった。立杵、立臼の奏でる朝ごとの音楽が人を喜ばせ、稲魂を喜ばせ、人と稲をむすぶ魂の交流を可能にしているのだった。

山と森と川を舞台に築きあげられたイバン族の文化は、そしてかれらの人生は、音によって支えられていたのだ。

「なーんだ、おとぎ話、童話じゃないか」、といわれるかもしれない。

しかし、これはおとぎ話じゃない。長く、苦労の多い年月のすえに、山野に血を流しながら、森羅万象の声に耳を傾けた末に、かれらがたどり着いた文化の核なのだ。おとぎ話じゃなくてかれらの「創世記」なのだ。

神が「光あれよ」といわれて天地が創造されたというが、イバン族の天地は朝ごとの杵と臼の音ではじまる。その昔のなかで、人と稲が出会い、人と森が挨拶し、人と自然が目覚める。

現代文明は、今や、その核、その神を失って、解体しようとしている。

宗教の森――宇宙にむかうエコロジー――

森のアナロジー

インド亜大陸の上空を飛ぶ。ニュー・デリーからボンベイへ、ボンベイからマドラスへ、巨大な三角形の陸地をよぎって感ずることは、それが何と乾燥した、砂漠のような風土だろうかということである。もちろん、そこには数多くのタンク（溜め池）がつくられ、ダムが築かれて乏しい雨水をあつめ、そのまわりに農地がひらけてはいる。また、そこに数多くの村や町が俯瞰されることもあるが、われわれ日本人の眼からすると、そこはたいへんな乾燥地帯に見える。そこに生きる人びとのきびしい生活が思いやられる。

ところが、マドラスから海にでて狭い海峡を一つ越えると、セイロン島、つまりスリランカである。そこは全島が木々におおわれ、緑したたる島という言葉が、まさにその通りだと思われるのである。木々の緑を見て旅人はホッとする、それが実感なのである。

東南アジアでは、その大陸部でも、島嶼部でも、機上から見た地上の眺めはインドのようなことはない。といって、スリランカほどでもない。大陸部では北部山岳地帯はもちろん、テナセリム山地もアンナン山地も、また、ずっと南へ下ったカンボジア周辺の山地も、すべて森林におおわれている。しかし、メーコン川、チャオプラヤー川をはじめとする大河の流域は、すでに開拓しつくされ、水田化されていて、山地の濃い緑とは対照的な、一面のうすみどりの空間がひろがっているのである。もちろん、季節によっては広大な水びたしの平面が空の光を反射していることもあるし、黄熟した水田の稲が広くはるかにひろがって見えることもある。また、山地をおおっている森林を注意ぶかく観察すると、そのすべてが原始林ではなくて、意外なほどに二次林が多い、ということにも気づくのである。

大陸部を離れて島嶼部にでると、たとえばボルネオ島の空からの眺めは、スリランカ中部と同じ、あるいはそれ以上に濃密な熱帯雨林におおわれているのである。

熱帯雨林というのは、一般に、四層からなるものとされている。その一番高いところに、樹高四、五十メートルの高木層があり、一番低いところに五メートルに満たない低木層がある。そしてこの二つの層のあいだに、樹高十メートルから二十メートルの二層が区別されるというわけである。もちろん、地域により、気候条件によって成層化の程度には相違がある。いずれにしろ、高木層を代表するフタバガキ科の樹木と、低木層にふくまれるヤシ科の木々が、熱帯の風景を代表するものとしてわれわれには親しいものなのである。(1)

東南アジアは森林におおわれた地域であるといっても、そのすべてが熱帯雨林ではない。モンスーン林もあれば、マングローブ林もある。村落の近郊だけを見まわしても、水田のそこここに樹高三、四十メートルの巨木が残っているかと思うと、集落にまじってヤシ林があり、灌木と竹林が生い茂っていたりするのである。人間の歴史的な働きかけと、その土地の地形と気候と土壌の性質によるものであろう。

その条件がととのえば、これらの地域では、森林は熱帯雨林になる。それが森林のたどり着くべきクライマックスなのである。典型といってもよい。

そこで熱帯雨林のあり方をモデルとして、たいへん突飛な試みのように思われるかもしれないが、さまざまな宗教のあり方を考えてみたいのである。森林のエコロジーと宗教のエコロジーを類比ないし対比してみたいのである。

インドからスリランカ、東南アジアをへて日本にいたる地域の森林のあり方、その成層構造とその分布のありさまは、同じ地域における諸宗教のあり方を考える上で、いくつかの示唆をあたえてくれるように思うからである。その間に、多少のアナロジーが成立しないだろうか。

森林と宗教とは違う。しかし、その宗教を信奉している人びとの数、体系化された教義、ととのった宗教儀礼、専門職能者の数とその組織などからみて、それぞれの宗教が巨木や高木にあたり、低木ないし灌木にあたり、また、それが広い空間をおおっていたり、狭い、点のような地域に孤立していたりするという類似の現象については、たやすく想像されるところである。

一本一本の木を、それぞれの宗教、宗派ととり、また、それに属する個人ととってみても、宗教のあり方と森林のあり方には、現象の上で、興味あるアナロジーが成立する。そう考えると、そこに意外に生産的な展望がひらかれるかもしれないのである。しばらく、この試みをすすめてみよう。

その前にもうすこし、この地域における宗教現象の現状をスケッチしておきたい。今度は、高木からではなく低木から、樹木からではなく草むらから見ていくことにしよう。

低木層の宗教

この地域の宗教の底辺には、普通にアニミズムと呼びならわされているが、その実体についてははっきりしない宗教の現象がひろがっている。コケのように、キノコのように、雑草のように、また、ときには野生ランのように——といってもよい。

ラオス北部では、村びとはこういうのである。村のまわり、村びとの生活の場にはさまざまなピー（精霊）が出没している。山には山のピー（ピー・ドーイ）がいるし、木には木のピー（ピー・マイ）がいる。石にも、洞窟にも、家にも、舟にも、牛や水牛にも、虎、ヘビにも、その他もろもろの生物、無生物、人工物のなかにもピーがひそんでいることがある。そしてもちろん人体にもそれがかくれていて、人間を力づけ、また、時として悪い作用をおよぼす。だから、村びとは善いピーの守護を求めるとともに、悪しきピーを遠ざけようとする。そのための施設と儀礼のさまざまが伝統的につくりあげられている(2)。

ピーについては参照すべき数多くの文献があるし、私自身もこれまでに、何度も報告してきた。だから、およそのことは論じつくされてしまったのかというと、必ずしもそうではない。そうではないから、この原初の信仰を正しく位置づけることが、この小文の一つの目的でもあるわけである。

カミの跳梁する世界、それが東南アジアの地方の人びとをとりかこんでいる。人びとはそれらのカミに供物をそなえて崇敬し、和解し、またターレオと称する呪標をたてて悪しきカミの侵入から身を守っている。そういう呪術的な行為と施設が数多く見いだされるのである。

南方シャーマニズムの多様なかたちがこういう宗教の土壌から誕生したのである。

それらのなかで私自身もいくつかの呪術的行為を経験したことがあるし、それらをめぐる民族ごと、地域ごとの調査研究の文献ということになると、また、手に負えないくらい蓄積されている。

ラオスでは筮竹によって神意を占うモー・モーと称する職能者と知りあったし、東北タイでは女性のコン・ソーン・ピー（カミの意志を教える人）に出会い、託宣のときに同席したこともある。クメール族のあいだのサド・クロ（悪霊払い）儀礼の二、三のタイプを実見したこともあるし、マレー半島のコタバルでも呪術師の話を聞いた。ボルネオ各地では病気なおしの呪術を演出して見せてもらったこともある。そしてスリランカでは、ジャフナの木の葉占いからカタラガマの呪医による病気なおしまで、予想外に多数の事例を目のあたりにすることができた(3)。

こういうふうな、その事例は多いとは決していえないけれども、呪術的行為のありようは、相互のあいだの相違よりも相似の方がずっと多いのである。もちろん、仔細に検討すれば、それぞれの行為の文化的表現に相違があることは当然であるけれども、細部の相違よりも大筋の相似に、まずは注目すべきではなかろうかと思うのである。

例えばマレーシアの呪術とスリランカの呪術を比較する。そうすると、そこで病気なおしを行う場の設定から行為の順序まで、似ているというより酷似しているのである。また、かつて私が図解とともに報告したクメール族のサド・クロ儀礼と瓜二つの儀礼を、北部インドの村で実見したという話を聞いたこともある。それらはいずれもヒンドゥー教というか、インド土着の民俗信仰の儀礼が東南アジア各地に伝播したものだといえばその通りであろうが、それが東南アジアに土着し、伝統文化として組みこまれてしまったという事実は尊重しなければならない。呪術的な信仰と行為については、民族文化の壁がなかったということである。(4)

もちろん、乾燥地域の牧畜ないし遊牧を生業とする民族の神がかり儀礼と、湿潤熱帯の農耕を生業とする民族のそれとのあいだには相違があるに違いない。そのシンボルにおいて、身にまとう装具において、伴奏の音楽と楽器において、神に依頼する案件において、相違のあるのは当然である。家畜中心の生活リズムと植物中心のそれとの相違である。しかし、ここで取り扱うスケールにおいては、神がかり宗教の演出はどこもここも似ているのである。

こういうふうな、神がかりを中心とする呪術宗教的行為の体系をシャーマニズムと呼んで一括すれば、シャーマニズムは宗教の森の第二の層——アニミズムをおおう層——を形づくっていることになる。樹高五メートル以下の木々として、また、竹やヤシとして、その多様な姿をしめしているというわけである。(5)

シャーマニズムは一種の宗教ドラマとしてわが国の盆踊りのようなものである。その場所は一定しているが、その物的施設はきわめて貧しい。それに比べると民族宗教と呼ばれるような宗教の層になると、必ず神の家、つまり神祠をもっていることが外見上の特色といってよいだろう。その家に神が時を定めて降臨し、行事に参加したあとで、天上に帰還される。神と村びととの交流に一定のルールができているわけである。

東南アジアのタイ、ラオス、カンボジアについて、私はその点の調査をすすめ、一応の見通しを述べたことがある。村ごとに小祠、ないし社、あるいは神社ができ、神の去来する通路としての高木が指定され、年二回の祭日がきまり、神主と巫女が任命される。神の依り代としての神体と乗りものとしての象や馬の木偶がつくられ、祭りのさいの神人交歓のルールができあがる。村びとの生活カレンダーのなかに祭りが組みこまれていくのである。ただし、神名については、祖先神（おじいさん・おばあさん）といい、土地神といい、また、ときにはそれが稲の神と混交することがあるが、日本におけるように歴史的な人物にことよせ、その社会的役割をしめすということは、一般には、ない。

高木層の宗教

スリランカにおける同様の観察を想起してみても、よく似た結果がえられる。

つまり、(1) 聖なる木としての菩提樹が入念に育てられる。(2) その木の根もとに土壇が築かれ、石垣（コンクリート）がめぐらされる。(3) その土壇の内側に小さい仏塔が建てられる。⑷　土壇が広げられ、そのまわりに境界がめぐらされてそのなかに仏像がすえられる。⑸　仏塔と菩提樹と仏像の三つがセットとなり、それを中心に寺院が成長する。この場合、信者は、⑴　仏塔、⑵　菩提樹、⑶　仏像の順に境域を一巡しながら礼拝するという一応のルールもできあがる。

この場合は、樹木信仰を核にしてそのまわりに仏教が習合した過程を仮説的、再現的にしめしてみたのであるが、ヒンドゥー寺院の立地、誕生、増殖の過程にも、ほぼ似たコースを想定することができる。ただし、後者の場合には菩提樹のかわりにバンヤン樹や平野のなかの小丘がまず選定され、そこにヒンドゥー神が天上から降臨し、池を掘り、寺院を建て、やがて村びとの祭祠の中心となるという点で、若干の相違をみとめることができる。ただし、これらの点については別に述べたことがあるので繰り返さない(6)。

以上のような、物的・文化的施設の整備という点で、また、それが神話ないし宗教教義と深くむすびついているという点で、そこに民族宗教の成立を——その過程を——みとめてもよいであろう。不時に、不特定多数のそれを求める人にたいしてだけ実施されるシャーマニズムとは違うのである。

もちろん、両者——シャーマニズムと民族宗教——の境界にあいまいな領域があることは否定できない。しかし、そこは新しい宗教のゆりかごの場所であるから、とくに境界を厳密にして、きびしく線引きする必要はないであろう。高木層のなかの木々の樹高に高低があるのは、環境条件に左右されるわけで、当然のことだからである。

いずれにしろ、このような宗教的土壌の上に、仏教、イスラム教、キリスト教のような世界宗教が流伝してきたことは周知の通りである。また、その実態が国により地域によって相違することについても、あらためて説明の要はないであろう。

土着の諸宗教との習合、あるいは混交の模様についても、調査すればするほど多様な側面があらわになってくる。相互の反撥と共存の状況が注目されてくるのである。東北タイの村祠のなかに金色の仏像が鎮坐しているかと思うと、スリランカ中部の寺では、仏像とヒンドゥー神像と土地神像が三つ並びに祀られているのである。そして、よくいわれるようにヒンドゥー・パンテオンのなかには、往々にして、例の光沢に富んだ紙に印刷された絵としてヒンドゥー諸神とイエス像とマホメット像がまじりあっているし、孔子や老子の肖像画だってあってもおかしくないのである。しかも、それらが太陽や月とむすびつき、ヒマラヤ山や雲や海とむすびつき、ヘビ、カメ、クジャクその他の動物とむすびついているとしたら、その結びつきを許すこころの深層あるいは画面はどこなのかという問題を残しながらも、だからそれが奇妙な宗教だとはいい切れないのである。(7)

ただし、ここで試みているような宗教の森の構図では、世界宗教は高木層をさらに高くぬきんでた巨木なのである。それは樹高五十メートルを超し、六、七十メートルに迫る巨木であり、その樹冠がひろく地表をおおっているというイメージが描ければよい。そこで無数の葉が天にむかってひらき、大地に涼しい影をつくっているのである。

かつてクメール族の村に滞在していたときのことである。村をとりまく水田のそここに樹高四、五十メートルのフタバガキ科の巨木が立っていた。ダーム・トラート樹と呼ばれていた。

おりしも乾季のさなか、三月中旬のことであったろうか、この高木の梢から絶え間なく降ってくるものがあった。雨のような種子であった。それが羽根つきのハネのような薄い二枚の翼をつけて、クルクルクルクルと舞いおりてきたのである。

私はこの種子の雨のなかに立ちつくして、いいようのない感動におそわれたことを覚えている。木が、自分自身を無数の種子に変じて、空中にちらばっていたのである。そこには生を志向する軽やかな意志だけがあって、木などという実体はどこにもなかったのかもしれない。

ひょっとすると、世界宗教などといっても、その実体は無いのかもしれなかった。だからこそ、文化を超え民族を超えて世界宗教となることができたのかもしれないのである。

私は、ふと、そう思った。

森林と宗教とのアナロジーをたどることは、必ずしも荒唐無稽な、不毛なことでないと思うのであるが、どうであろうか。

宗教のエコロジー

森林、とくに熱帯雨林は、一つ一つ数えきれないほど多様な樹種からなっている。それはその地域に分布する宗教の多様性と類似していたのである。また、それらの森林がそれぞれのタイプをもち、秩序と構造をもっていることもわかった。熱帯雨林は一般に四層からなっていたが、その上に地表の草・竹の類を加えて、そのなかにどういう生命の流れと秩序、あるいは構造が見いだされるか、これからの問題はそれである。

どのような植物もクロロフィルで光合成をいとなみ、二酸化炭素と水を原料として有機物をつくっている、という点までは共通なのであるが、それがどういう形の木になり、やがてどういうレベルの木として森の構成に参加するか、そこのところを考えたいのである。

そのアナロジーとして宗教について考えようというわけである。私がこれまでに観察したさまざまな宗教のかたちについて、それらを展望しながら、そこに働いているであろう内的メカニズムをとりだしてみたいのである。

もちろん、この作業は容易なことではなく、只今の私の力の及び得ないことであるけれども、それらについて推理してみたいのである。木が木であることを論証しようとするのではない。無形の、得体のしれないいのちが草になり、灌木になり、高木になり、さらに伸びあがってそびえたつ。その上昇する流れの方位をさぐってみたいのである。

(1) 神の形象化。神（筆者は後述のようにカミと神の区別を提案しているのであるが）といったって、実際には、そして昔も今も、何事やらよくわからないし、わからないままにその文化的役割を果しているというのが実情である。それは不思議な存在なのである。存在の不思議といってもよい。

そこでその神を形象化するという試みがみられる。まずは神の依り代がつくられる。タイ族、ラオ族の村祠《ホー・ピー》にはこれがないが、クメール族の村祠《カトウム・ニア・ター》には必ずこれがある。木彫りの木偶で、男女二柱になっている。おじいさん・おばあさんと呼ばれているが祖先神のことである。木偶のかわりに古木の枝を二本ならべて代用しているところもあるし、手ごろな石二箇で代用しているところもある。また、祭りのさいの依り代として、特に、根こじにしたバナナの若木を二本置いてあるところもある。これらについては別に報告したので、ここでは要点をあげるにとどめる。

神の依り代、神体とまではいかないが、村祠の背面には必ず木立ちがあり、その木が目じるしになっている。わが国の神木と似たものである。タイ、ラオス、カンボジアを含めて樹種は一定しない。フタバガキ科の巨木のこともあるが、常緑の樹高三、四メートルの木立ちのこともある。木と社《やしろ》がセットになっているのである。インドにいけば、それが菩提樹であったり、バンヤン樹であったりして、樹木崇拝と雨乞い儀礼とのつながりが指摘されるけれども、この点も立ちいって論じないことにする。要は、神が自らを形どるということである。

(2) 神観念の成立。神とは何かよくわからないといったあとで、神観念などというのはどうかと思うが、要は無形の神、不定形の神が民族・種族ごとの文化的衣裳をまとうということである。ここで文化的衣裳といったことのなかには、言語による表現、つまり、神名とその神の性質、およびそこで期待されている文化的・社会的な役割を含んでいるということにする。木偶の神に名がつき、目・鼻・口が刻まれ、白色あるいは黄色の衣裳を着せられ、民俗カレンダーのなかにその出没去来の時が指定される、といった事柄を指しているのである。神が、その意味で、人間社会のメンバーになるわけである。

私はここのところに着目して、カミと神の区別を提案しているのである。

カミは名前がない。カミは発端の神、出会いがしらの経験である。教義をもっていない。出没去来の時を定めない。人間にとっての吉凶禍福とかかわらない。

これにたいして神は、名前をもっている。住み家をもち、教義・世界観を身につけている。その去来の時は住民のカレンダーの上にはっきりと刻みこまれている。また、健康・豊作・幸運など、良いことを結び目として住民とかかわっている。契約をかわしているといってもよい。

およそ以上の通りであって、民族宗教の進化のメカニズムという観点からすれば、カミから神への変貌が推理されるわけである。カミ経験から神観念へ、原始のカミから文明の神へといってもよい(8)。

それでは神の眷族として扱われている妖怪変化あるいは怪物をどう位置づけたらよいのか、と問われるかもしれない。しかし、それらは伝承、昔話、神話の空間における出来事なのであって、カミと類比すべき何物もない、といわなければならない。

カミが神として文化的な観念となり、その観念が落ちぶれて妖怪になる。といってもよいだろう。

(3) 内部と外部にむかう特殊化。前項の考え方をおしすすめて、一応、内部のカミと外部の神といってもよいかもしれない。しかし、さらに明瞭なことは、すべての民族が魂《タマ》と神を区別していることであって、そこには内なるタマと外なる神が識別されていることである。

タイ族、ラオ族についていえば、ピー(精霊)とクワン(魂)がこれにあたる、といい切ってしまえるとよいのであるが、実際には地域によって両者の混同がみられるので厄介である。沖縄のように、遊んでいるうちに魂（マブイ）を落してしまう子どもがいるとか、その落した魂を小石として拾ってくるというような話が流布していて、内と外、形なきものと形あるものとが、そのレベルでは、自由に変換してしまうのである。

ピーは、身体および自然の内部にひそむカミ、見えないカミであったが、身体の、あるいは生命のエッセンスとしてのピーが、他のもろもろのピーから昇格してクワンと呼ばれるようになる。一方、ピーは邪悪なカミ、あるいは悪霊になり下る。また、外なる神は祖先神として小祠に祀られ、さらに天上に昇ってテワダーになる、とそういい切れると辻褄が合うのであるが現実はそうもいかない。ピーも、クワンも、沖縄の例から——タイ、ラオスでも同様——推測されるように、変身し、身体の内外を透過し、文化の境界にかかわらないという性格を残しているからである。このようなカミの本質を追求するためには、その一つの方法として、われわれの思考の場、言語の場を日常のそれからずらしていくより仕方がないであろう。

しかし、ここではカミないし神の変幻自在なところに注目するとともに、その神を受けとめる社会のあり方、その文化のネットワークに変化が生じていることだけを指摘しておきたい。

具体的に予想されることの一つは、境界のない村が境界をもった村に変化したということであり、それに応じて神がますます文化の側に身をよせるようになったということである。

ただし、これらの点についてはなお調査中であり、私の考えも未熟なので、後考をまたなければならない。村落立地の要件、村が村であることのアイデンティティーが、タテ軸からヨコ軸に、天と地を含むシステムから地上における力のシステムに変ったことを問題視しているのであるが、今はその解説を省略する。

(4) 制度化の進展。神をめぐる文化的・社会的制度がととのえられるにいたったことについては説明の要はないであろう。

ラオ族についてはチャム（祭司）とティアム（巫女）がひろく制度化され、クメール族についてはアチャール（祭司）とマー・ムアット（巫女）が村祠の祭りを司っていること、祖先と子孫の村びとを結びつける祭りという行事が、また、祭りと呼ばれる村落ドラマのストーリーと演出が、細部まで規定されるようになり、そのドラマの登場人物として神が位置づけられるようになったことを念頭においているのである。神が文化と呼ばれる言葉のネットワークにますます深く捉えられて、身動きもままならぬ状態におちいってしまったということである。神の化石化といってしまえば、いいすぎだと思うけれども——。

(5)　アニミズムが地表に密着して大地をおおい、シャーマニズムと民族宗教が森の中間層となって、濃緑の、生き生きした、また、奇妙な樹形をしめし、その上に世界宗教がぬきんでて高木層を形づくっている。

前項のなかで、すこし先走りして、あの巨大な樹のすべてが無量無数の羽根のある種子となって人間の上にふりそそごうとしているといったが、それはそうかもしれないと今でも思っている。立派な板根《ばんこん》が四方に張って幹を支え、その長大な樹幹が、天にひろがる枝と葉をうけもっている。その幹が、多数の先人たちの努力の結晶としての宗教教理なのかというと、そうであり、また、そうではないような気がする。中間層の民族文化がふくらんでしまって、それぞれの神が特殊化してしまったから、そこであまりにも自己完結的な体制ができてしまったから、世界宗教の木は、ふんばって大地をつかみ、背のびをして天に触れようとした。人類の文化がその衣裳をかさね、人間の悪がとめどなく増大しようとするから、それらを突きぬりて巨木がのびあがったのである。

地に触れ、天に触れる。つまり、ほんとうの、あるがままの、文化による汚染をとどめない自然に触れ、そういう自然とたわむれることが宗教なのであって、長大で堅固な幹は、そのための手段なのである。

カミを出発点として神にいたり、今度はその神が空中に飛散してふたたびカミに戻る。

宗教は常にこういう往復運動をくりかえすものだったのである。

さて、森林を構成する木々の種類とその生態、それをアナロジーにしたがってこのように考えてみた。それぞれの木の高さとその形をととのえる諸条件について考えたわけである。スリランカ、東南アジアの宗教の森はこのようにして芽生え、生長し、繁茂し、入りまじり、成層して、今日の宗教文化の姿を呈するにいたったのである。アニミズムという草、シャーマニズムというヤシ、民族宗教という中層の木、そして世界宗教という高木、それらが共生していたのである。

そこで今度は、個々の、種としての樹木についてではなく、森林としての全容を、その意味、そのしめすものをさぐってみたい。

宗教の森林、そのエコロジーである。

東南アジアの宗教の森

熱帯雨林の構造図をじっと見つめる。そして今度はその図をヨコに寝かせて大陸部の東南アジアに重ねてみる。そうすると、森林のなかの地表に接するところ、草や竹が茂っている部分がビルマ、タイ、ラオス、中国などの国境の入りくんだ北部山地ということになる。そこから南下して、チャオプラヤー川やメーコン川の中流にひらけている平地にいたると、そこは中、小の灌木の生えたところ、また、熱帯雨林の中層の木々に類比できるだろう。そうなると南部の平野とデルタ地帯はもっとも上層の、高木層の木々にあたり、その梢がゆさゆさと空にゆれている部分にあたる。

厳密に、こういう比喩がなりたつはずもないけれども、思考モデルとして、こういう見たてが便利なことも否定できない。東南アジア大陸部では北から南にむかって、アニミズム信仰、民族宗教、世界宗教がならんでいるということである。シャーマニズムは、何処に位置づければ一番ぴったりするということもなくて、強いていえば、すべての宗教の層をつらぬき、それぞれの部分を綴りあわせるとじ糸のようなものかもしれない。しかし、この節の前半で考えたように、段階的、発生的には、アニミズムと民族宗教の中間に位置づけてもよい。シャーマニズムと呼ばれる名まえとその実態が照応しにくいだけでなく、内部の多様性があまりにもケタ外れなのである。だから極端なことをいえば、人間、一人ひとりがシャーマンなのである。

このような、東南アジアという宗教の森林は、その内部のメカニズムとして、また、あるべき歴史の大筋として、そこにどのような力が働いていると考えられるであろうか。

スウェーデンの民族学者イジコヴィッツは北部ラオスの焼畑栽培民であるラメット族のくわしい調査をした。かれによると、ラメット族はアニミズムの信奉者で、村のまわりにひそむ数々のカミをみとめ、それぞれに供物をささげて対応しているという。そのカミには、農具のカミ、火のカミ、村の入口のカミ、水のカミ、村のカミ、門のカミ、家のカミ、聖なる木のカミ、灰のカミ、畑のカミ、大樹のカミ、森のカミ、斜面の岩のカミ、アリ塚のカミ、地面に突きさした杖のカミ、地下に根をはった竹のカミ、米のカミ、稲のカミ、山のカミ、谷のカミ、土地のカミ、などなどが数えられている。その村に仏教その他の高度宗教が入りこんでいるわけではないから、ラメット族の宗教をアニミズムの段階にあるものと認めてもよいであろう。かれらは無数のカミと共存しながら生きているのである。神々の元《もと》を共有しているといってもよい(9)。

そういう宗教が、ラメット族だけでなく、東南アジア山地の諸民族に共有され、それが宗教生活の出発点になっていたとすれば、その後の歩みはどのようなものであっただろうか。仮説として可能な推理は次のようなものである。その要点を摘記しておく。

その一。そこから発達すべき宗教生活の原点、その出発点として上記ラメット族のあり方を想定しておく。

その二。民族生活の安定と文化の発達に歩調をあわせて、もっとも具体的には焼畑農耕から水田稲作への展開とともに、数多くのカミにたいして選択と淘汰の作用が働くことになった。カミの性格、つまり、侵すカミ、防ぐカミ、守るカミというカミの性質とその役割にたいして、人間の側からするセレクションが加わった末に、有力な、役に立つカミが残り、力の弱い、悪しきカミ、侵すカミが排除されることになった。かつて私は、防ぐカミから守るカミへの変化過程をたどったことがあるが、そのことは一面からすると侵すカミ、悪しきカミの敗退ということでもある。その敗退したカミが、妖魔となり、チ・ミ・モウ・リョウとなったわけである。

その三。選ばれたカミ、頼りにされるようになったカミの代表が、(1) 土地のカミ(神)、(2) 先祖のカミ(神)、(3) 稲のカミ(神)である。

東北タイのラオ族や同じ地域のクメール族の宗教儀礼のなかで、祈願の対象になっているのは、多くの場合、この二柱の神なのである。なお、これらのカミをカミ(神)と表記したのは、その呼び名が普通名詞のときと、固有名詞のときとがあるからである。前者をカミ、後者を神としたのであるが、視点の移動によってどちらにもなるので、区別はある意味であいまいである。

その四。日本神話のアマテラスオオミカミは太陽神だといわれている。しかし、同時に先祖の神でもあるし、稲の神でもあるらしく思われる。そういう一つ一つの神格を統合している。だから大神なのである。これとほとんど同じことが、クメール族のあいだにおこっている。それをしめす面白い伝承を聞いたことがあるが、別に報告したのでくりかえさない。

かれらの稲作儀礼における神名を聞いていると、土地の神・稲の神・先祖の神が合体していることを知ることができるが、神観念が発達していく過程で、また、神をささえる儀礼の発達とその複雑化に応じて、多神から一神への歩みをすすめていくように思われるのである。民族生活の現場における神の機能分化と、民族国家の発展にともなう神の統合過程が手をたずさえて進行しているに違いない。王権を支える神は、神々のピラミッドの頂点に立たなければならないからである。

その五。この段階で国家鎮護の宗教的側面を担当するものとしては、土着の、種族・民族文化の枠を超えた高度宗教がとり入れられることになる。東南アジアの場合には、それが仏教であり、イスラム教であり、キリスト教だということになる。

外国生れの、すでに高度に発達した教義と組織をもつ宗教の傘が広域をおおうことになるのである。かつてのラオスは王国であったから、地方農民の家の壁には必ず国王の肖像が貼られていた。そしてその絵の国王の姿の背後に、おぼろげに仏像が描かれていたり、仏の光の矢が放射していたものである。むずかしい理窟はともかくとして、国王と仏教とが何の矛盾もなく、共生していたのである。そしてその仏教の拠点が村ごとのワットとして、住民の宗教的・社会的・経済的センターを形づくり、尖った金色の屋根をならべていたというわけである。

事柄はそんなに単純なものではないかもしれない。しかし、住民のこころの画面に描かれていたのは、ごく単純な、こういう絵だったのではなかろうか。自然のなかにあって、過不足のない、調和のとれた一枚の絵。稲を育て、水牛を追って生きる農民は、学者ではなかったのである。

神の性質が選別された。その結果として、今日の宗教の構図ができあがったということは、東南アジアの諸宗教が三層、四層をなして熱帯雨林のような構造をもつにいたった、ということである。草は草、竹は竹、ヤシはヤシとして、その上に中層、高層の木々をまじえ、さらにその上に少数の巨樹を繁茂させて、全体として宗教の森ができあがったということである。

森の全一性

宗教の森が四層からなっているということは、アニミズムはここまで、シャーマニズムはここまで、民族宗教はここまで、そして仏教のような世界宗教においてはじめてここの高さに達した、ということであるが、だからといって、そこに至らない中層、下層の宗教は未熟なもの、中途で挫折した宗教と見なくてもよい。そのすべてが、森林の構成要素であり、それぞれの立地と樹の高さにおいて、森の全体を支えているものだからである。

この森のなかで生きている住民から見ると、足もとにそよぐ草葉のなかの宗教がアニミズムであり、自分の前後にならぶ等身大の宗教がシャーマニズムと民族宗教であり、頭上たかく仰ぐべき宗教が仏教その他なのである。

ところが、現代文明のつくりだした航空機の窓から知的に俯瞰すると、枝をはり、青葉をひろげた大宗教が全地域をおおっているように見える。その下の木々も見えないし、まして地表を這うように生きている下草は見えない。

上からは見えないけれども、人間は森のなかで森とともに生きているのである。

まして、人間ならぬ他の生きものについてはどうだろう。ワシは巨木の樹冠に巣をつくらなくてはならないし、ヘビは中、下層のくねくねと幹の曲った木と親しみ、虫やアリにとっては地表にふりつもった落ち葉こそ唯一の住み家なのである。サソリにとっては半ば朽ちようとする倒木の樹皮の内側が恰好のかくれ場所なのである。

文字どおり、森は生きている、森が——全体として——生きていたのである。

かつてスリランカ出身の人類学者タンバイアは『東北タイにおける仏教と精霊信仰』という書物をかいた[10]。その本の出版直後に私は『アジア経済』誌上で書評して、二、三の疑問を申し述べたことがあるが、その一つは次の点であった。

かれは東北タイのさまざまな宗教行為、つまり、(1) 仏教儀礼、(2) ブラーマニズム由来の儀礼、(3) 守護霊をめぐる儀礼、(4) 悪霊ばらい儀礼を、それぞれ円の四象限《しょうげん》に配置した。その上で、かれの解釈によれば、(1)象限においては生存中の善行にたいする功徳を死後の霊魂のやすらぎに求め、(2)象限においては天上の神の守護を祈りながら自分の霊魂の力を強化し、兼ねて冠婚葬祭の儀礼をとどこおりなく行うことによって幸運をえようとした。(3)象限においては農耕をはじめとする生産儀礼を盛大に行い、祭司、巫女の手助けによってコミュニティの生命力を増進させようとした。そして(4)象限においては呪医の力を借りて悪霊をはらい、悪運を転回しようと試みた。

農民と農村の生活をめぐる宗教の世界を、また、それぞれの場(四つの象限)における神と祈願と宗教儀礼の体系を個別にとりあげて、それぞれの宗教がそれぞれの役割を分担するものと理解したのである。

なかなか巧妙な、辻褄の合ったダイアグラムであり、その解釈であるようであるが、私の不満ないし批判はこうであった。

すべての宗教は、それがどれほど些細な、取るに足りないものに見えようとも、その前でひざまずき、合掌し、祈る人間がいる限り、その場の宗教世界のなかにコスモスが、全宇宙が包含されている。祈りは常に宇宙的なものである。それなのに、その宗教宇宙の全一性を文化的に矮小化し、四分円に区分し、そのなかの文化的・社会的機能を四種類のかたちの宗教に分担させている。

われわれはこのような宗教理解を認めてよいものであろうか。かれの分類によれば、すべての宗教はご利益誘導のための道具にしかすぎないことになる。悲しいことである。おそらく、いや、必ずや、東北タイにおけるかれの宗教の構図は間違っている。

そういって私は四分円型に代る同心円型の宗教モデルを提出したのであるが、そのことに今は触れない。

ここで述べておきたいことは、宗教の森の全一性についてなのである。草葉の露と巨木をおおう億の木の葉とが、ともに宗教的宇宙の全容を映しているということである。それを区切ってはならない、ということである。

宇宙にむかう森

学生のころ、田辺元先生の講義を二、三度聞いたことがある。先生はいつも着ものを着て、黒板の前を行きつ戻りつしながら講義されたが、あるとき、ふと立ちどまって黒板に大書されたことがある。「絶対憑依の感情」、というのである。このとき、私ははじめて「憑依」というむずかしい言葉と滅多に使うことのないその文字を覚えたわけであるが、これはいうまでもなくシュライエルマッヘルの言葉で、この言葉によって宗教の究極のところを示唆されたわけである。

なるほど、と私は思った。

しかし、と今では思ってしまう。「憑依」などというむずかしい言葉を使わないで、ごく日常的に、やすらぎの場にいたる、といってもよかったのではないか、と。

宗教的行為の目ざすところは、自他ともにやすらぎの場にたどり着くこと、自他の限りない信頼感をきずきあげること、二元の世界が一元の宇宙にとけこむこと、などなどといってよいかもしれない。宗教は――私にとって――安楽椅子のようなものである。そしてそのためには、自分が一つに分裂していてはどうしようもない。また、その自分を受けとめてくれる宇宙が、天と地に分裂していてはどうしようもない。

宗教というと、われわれはすぐさま大伽藍や教会の尖塔を思いうかべ、その内部のもろもろ、教義や教団のありかたに思考を集中させる傾向があるが、実は、その前に、いや、それと同時に、それらの建築物の背景を見つめなければならなかったのである。それらの宗教建築物はどこに建っていたのか。その立地を、丘の上とか、都市の中心部とかいっただけでは不十分である。それらは天と地の交わるところに建ち、その建築物に近づき、その内部に歩み入るにしたがって、そこで天と地が一体になったのである。われわれはそこで天地という名の一つの安楽椅子に横たわることができたのである。

天と地だけではない。空と海についても同様である。夏、水泳をしていて、ふと、感じとる大洋の感覚、あれも同じ経験なのである。そのとき、われわれの身体の上で、空と海が落ちあい、一体化したのである。空と海が一体になって身体をうけとめたのである。

坐るという日常の行為にしても、実は、同じ意味をもっていたのである。坐っている私の前にひろがっている空間と、その背後にあって目に見えない空間とが、サンドウィッチのように私を挟むのではなくて、一体となって、坐る私を支えていたのである。

そこに一元の世界が立ちあらわれていたのである。

さて、ふたたび宗教の森にもどろう。

実は、この森も天と地のあいだに、地平線の上に据えられていたのである。濃緑の木々が、野生ランやヤシやフタバガキ科の木々が、それぞれのかたちをしめしながら、全体として、ほぼ三角形のかたまりとして、そこに位置づけられていたのである。

目を凝らしてこの森を見つめていると、森が画家クレーの描いた「黄金の魚」のように、そこでかすかに光を放っているようであった。森のいのちが何物かに触れて、一体である宇宙に触れて鈍い光を放っている、どうしてもそう見えたのである。

その森にはさまざまな木のいのちが、その動きが包みこまれていた。天に近づこうとする高木と、地を這おうとする草むらと――。

天に近づこうとする高木は何となく世界宗教に類似し、地を這って伸びる草むらは何となくアニミズムの姿を髣髴《ほうふつ》させる。もちろん、アナロジーにしかすぎないのであるが、前者に一神教の風格を感じ、後者に精霊信仰のやさしさを感じるのである。天を指すものと地に根づこうとするもの、同じ仏教のなかでも真宗は前者に近く、禅宗は後者に近い、とそう感じるときもある。とくに後者についてみると、禅仏教と原(新)アニミズムとは同質のように思われるのである。

森の木々が天を指し、地に横たわるといったが、そのいずれもが目ざしているのは全自然であり、ほんとうの、衣裳をぬぎ棄てて裸の、あるべくしてある自然なのであった。それは目に見える山河大地の向う側にある隠れた自然であり、文化的な構築物とは異質の、あるがままの自然であった。「山水・古仏」といってもよい。

私はかつてこの空間を指して、不在の空間と名づけ、死と呼ばれる場所といったこともあるが、結局は「ほんとうの自然」ということであった。

宗教の森は、この自然に包まれながら、この自然に触れて、そのすべての部分が、鱗光を放っていたのである。だから、森の輪郭にそって森の全体が、光って見えたのである。宇宙に森が衝突して、森のその部分がひび割れて光る。そこに宗教のすべてがあった。

この小文の目的は、まずは森林と宗教とのアナロジーに注目し、次いでその内部の一本一本の木の姿を見つめ、さらに森の構造をさぐり、最後に、全体としての宗教の森の意味を尋ねあてようとしたのである。

註

(1) 熱帯(多)雨林については、吉良竜夫『自然保護の思想』(一九七六年、人文書院)に平易に解説されている。また、W・ヴィーヴァーズ・カーター、渡辺弘之ほか訳『熱帯多雨林の植物誌——東南アジアの森のめぐみ』(一九八六年、平凡社)その他がある。

(2) アニミズムについては、もっとも古典的な、Tylor, E. B.: *Religion in Primitive Culture*, 1958 (最初に出版されたときは『原始文化』という書名であった) をはじめ数多くの文献があるが、ここでは省略せざるをえない。筆者自身の考え方は左記に述べてある。

岩田慶治『日本文化のふるさと』(一九九一年、角川書店)。
同『カミの誕生——原始宗教』(一九七〇年、淡交社、のち講談社学術文庫)。
同『草木虫魚の人類学——アニミズムの世界』(一九七三年、淡交社、のち講談社学術文庫)。

タイ族の場合については、アヌマーンラーチャトン、森幹男編訳『タイ民衆生活誌(1)祭りと信仰』(一九七九年、井村文化事業社)に収められている「精霊・妖怪・魔神の世界」がおもしろい。もちろん、筆者には他に多くの著作があってピー信仰にふれている。また、訳者、森幹男氏の『東南アジア——土俗の探究』(一九七八年、平文社)も、著者の調査によるもので都市のなかの呪術など興味ぶかい事例が多い。

アニミズムをとらえる遠近法、そういう現象を望遠レンズでとらえるか広角レンズでとらえるか、また、その映像を固定する未現像フィルムの性質も大いに問題である。つまり、アニミズムをとらえるには道具としてのサイエンスを超えなくてはならない。

(3) 岩田慶治・井狩弥介・関根康正・鈴木正崇『スリランカの祭』(一九八二年、工作舎)。写真とその解説によって、さまざまな事例が紹介されている。また、ほぼ同じメンバーによる『スリランカと南インドの宗教と文化』(一九八六年、国立民族学博物館)がある。

(4) Shaw, W.: *Aspects of Malaysian Magic*, Kuala Lumpur, 1976 のなかの呪術、シャーマニズムと、Wirz, P.: *Exorcism and the Art of Healing in Ceylon*, Leiden, 1954 所収のものを比較しても双方における類似にはおどろくべきものがある。もちろん、他の文献を参

照すれば、よく似た行為のなかにも少しずつ相違点がでてくるであろう。それらの相違点をつきあわせるという作業によって、呪術ないしシャーマニズムのどういう姿があきらかになってくるだろうか。筆者はそういう試みに希望をもっていない。

（5）岩田慶治「シャマニズムの構造」、加藤九祚編『日本のシャマニズムとその周辺』（一九八四年、日本放送出版協会）所収。また、同「東南アジアのシャーマニズム」、桜井徳太郎編『シャーマニズムの世界』（一九七一年、春秋社）所収。

（6）Arumugam, S.: *Some Ancient Hindu Temples of Sri Lanka*, Colombo, 1982.

（7）スリランカ北部、南インドに誕生した新宗教サイババ教を想起しているのであるが、いま、そのノートが見あたらない。

（8）岩田慶治『カミと神』（一九九三年、講談社学術文庫）。

（9）Izikowitz, K. G.: *Lamet, Hill Peasants in French Indochina*, Göteborg, 1951.

（10）Tambiah, S. J.: *Buddhism and the Spirit Cults in North-East Thailand*, Cambridge Univ. Press, 1970.

あとがき

この本はアニミズムを出発点として、そこからシンクロニシティ空間（同時空間）を目ざして書いた。それがこの本をつらぬくモチーフであった。

シンクロニシティ空間、あるいは同時の世界というのは、われわれの日常生活がそこで営まれているような、窮屈な、因果律によってがんじがらめになっている世界ではなくて、限りなく自由な、滲透性のつよい世界なのである。そこでは――自分がそこに参加しているという点で絵画の画面に似ているが――人間が鳥になり、魚になることができる。近景の木がどこまでも伸びあがり、遠景の山が自分から歩いてくる。人間と森羅万象がたがいに入れ替りながら、遊戯することのできる世界である。

これまで、われわれはこの世界を向う側に押しやって、そのなかにあらわれる個別の現象だけに注目していた。カミあるいは神の出没と去来にばかり気をとられていた。いわゆる神秘を神の属性と考えてきたのだが、実はそれは空間そのものの本質だったのである。

カミと呼び、神と名づけても、もともとそれがあらわれるのはこの空間のなかの現象なのであった。カミからエナジーが流出する、摩訶不思議な力が作用するといっても、そこにケシ粒、ゴマ粒のような粒子の運動がみとめられるわけではない。ところが、言葉ではそういう粒子に、いや、粒子のようにみえる虚像に名前をつけたがる。カミと呼び、タマ(魂)という。部分に注目して全体を忘れてしまう。しかし、本当の問題は空間の構造であり、その歪み、その変容だったのである。

この問題を私は自分の内部の出来事としてとらえた。外から観察するのではなくて、内に入って経験しようとした。実生《みしょう》の学問を育てたかったからである。いや、そうするよりほかにどうしようもなかった。自分がそのなかに入りこまなければ、カミに出会うことはありえないことだったからである。

草むらのなかでトカゲの目が光った。大空を飛びわたる鳥の声が鋭く耳にひびいた。そこで驚き、神秘を感じた。だからといってカミに出会ったとはいえない。

昔のひとがそれをカミとして怖れた。異民族の言葉のなかに神と翻訳するしかないような単語があったとしても、それをただちに神として扱うわけにはいかない。

自分がそこにいないのにカミが出現することはない。その場にいないで遠方からカミを望遠鏡で見つけるわけにはいかない。カミはいつだって自分のなかの出来事なのである。

風景のなかにカミが宿っているといっても、自分が画中の人になってはじめてそれを認めることができるのだ。

キラリと光る草葉の露を見つけて、ハッとして、有限のわが身ならぬ無限の別世界を実感する。有限が無限に出会う。そういう時にカミが光るのかもしれない。

ピーッと鳴きわたる鳥の声を聞く。その叫びに打たれるだけじゃダメだ。その叫びを通じて、その背後にひろがっている無限の空が近づいて来なければダメだ。

ブッダが菩提樹の下で悟ったという。ブッダの悟りは同時に菩提樹の悟りでなければならない。

ここで実感といったけれども、それを別の言葉でいえばエクスタシーによる認識といってもよい。エクスタシーのなかで、恍惚として、われを忘れて、無我夢中で、それがそうであることが疑いなくわかってくるのだ。

この本のなかでいえば「私の山河」のなかで述べた、限りなく生長する樹木のイメージが、私を境界のない世界へみちびいてくれたように思う。境界のある世界が境界のない世界と一枚になっている。表裏の関係で、自由自在に、有限の表が無限の裏につながり、二枚が一枚になって動く。一が二になり、二が一になる。そこにシンクロニシティ空間の本質がある。一が二になったあとで、三、四、五、六、七、と展開していくのは文化のなかの出来事であるが、そこからはカミが誕生するような不思議の出来事はでてこない。しかし、われわれの身のまわり、日常生活の場には、その風景のなかに不思議が内包されている。いたるところにシンクロニシティ空間の断片が顔をだしている。

この点については、かつて『カミの人類学』(一九七九年)のなかの「「妹の力」再考」の章で考えたが、いまも同じ考えである。本書はその続きといってよいかもしれない。ああでもない、こうでもないと考え考えしながら、自分の内部空間の隅々を尋ねまわったが、まだ、同時空間のありようがよくわからない。

それをイーハトーヴといってよいかどうか。ユートピアといって間違いではないのか。天国といい、極楽浄土といってよいかどうか。伝統的な宗教の表現を一時棚上げして、この空間をさぐってみたい。

それにしても、このうえなく魅力的な同時という空間、あるいは世界を動かしているエナジーは、一体、何に由来するのだろうか。

このごろ、自然保護の思想がゆきわたっているが、しかし、保護といい、共存といいながらも、人間中心主義を離れられないのなら、結局のところ、それは人間の積みかさねてきた悪知恵の総決算のような気がする。

そこで人間と森羅万象が遊戯することのできる世界、同時の空間とアニミズムの表現について、さらに考えてみたいものである。

一九九三年四月

岩田慶治

付記　いま、なぜアニミズムなのか

――岩田先生があたらしくだされた本『アニミズム時代』（一九九三年、法藏館）に柳田国男の話がでてきますね。柳田国男のあの膨大な仕事が、じつは彼の自伝であり、そのすべてが彼の子ども時代の経験に収斂《しゅうれん》してしまうという……。

岩田　そこがふつうの人間にはまねのできないことですね。ぼくらは、本を読んで、これはおもしろいとおもったことをアレンジして、あたらしいかんがえ方をすこしつけくわえて書くでしょう。柳田国男のばあいは、子どものときに遊んでたこととか、経験したことがぜんぶ核になっている。つまり、自分を語ることがそのまま学問を語ることになる。

――根っこがしっかりしてるわけですね。ところで、先生が『草木虫魚の人類学』（一九七三年、淡交社）をだされたのも、もうずいぶんまえになりますでしょう。

岩田　もう二十年になりますかね。

――あの本でアニミズムの立場にたつことを表明されました。こんどの本はそのひとつの到達点といってもいいものですね。いま世間ではようやくアニミズム再評価の動きがあるようですが……。

岩田　自然の万物、森羅万象のなかにカミを体験する。かんたんにいえばアニミズムとはそういうことですね。ぼくは地理学出身だから、地理学の立場からいうと、民族学という学問は土から、大地からはなれすぎたとおもうんです。それを、どうしたらいいかというので、到達したというか、出発点としたのがアニミズムだったのです。

――そういえば、十九世紀ドイツの地理学者フンボルトにずっと注目されてきましたね。

岩田　フンボルトは九十歳で死んだんですけど、晩年にジャーナリストがたずねていって、家を案内してもらったら、家のなかにカメレオンがいた。フンボルトがいうには、カメレオンは左右の目をべつべつに動かすことができる。右の目で地をみ、左の目で天をみている。その天上と地上の世界がからだのなかで一体化していると。

彼は、気候の問題、玄武岩の成因、火山の配列、植物の垂直分布など、いろんなことをやっているんですが、晩年に『コスモス』という大著をあらわした。地球上の現象すべてをふくむ巨大な秩序というか、コスモス、つまり宇宙をみようとした、コスモスというのはひとつの統一体なんだけれど、フンボルトはそれを美的統一体といっているんですね。ところが、彼はその生涯の最後の最後になって、自分のやってきたことと自然のほんとの姿とのあいだには距離がある。自分が一生かかってやったことは、けっきょく、書物の索引でしかなかったといったわけです。ぼくは、よくぞいったとおもってね。九十年の生涯がけっきょく索引かと。

――なるほど。でも、索引におわらないコスモスをえがくにはどうするかというのは大問題ですね。

岩田　索引でないコスモスのなかでは、木は木、人は人じゃなくて、木が人で、人が木だということにならないといけない。つまり知識のよせあつめのジクソーパズルでないコスモスという一元の世界をかくためには、どうしても自然の万物にかぎりなくちかづくことが必要だということなんですね。

たとえばそこに花がさいてて、自分がここにいて、そこの花とこっちの自分とがおたがいに感応する。しかし、そのあいだに距離があって、そこにからっぽの空間がある。あるいはそこを空気がみたしている。そう考えては不十分だ。空気というのは軽い気体で、それが流動しているのだとふつうかんがえるけど、ほんとうは空気というのはもっと堅固なもので、空気と花と自分をふくむ全体がひとつの結晶体をつくっている。バラバラにすることはできない。そういうかんがえ方にならなければいけないのではないか。

――空気に存在感がある。

岩田　たとえば、ブータンなんかにいくと、死んだ人の骨をくだいて粘土といっしょにして、ツァツァという小さい塔をつくる。それがお寺の縁や塀のうえにいっぱいならんでるんですよ。土の塔は年月がたつとくずれていく。粉になって空中に飛散する。そうすると、空中というけれども、そこにただよっているのは空気じゃないんだ。先祖の命の粉なんだ。それから、ダルショといって、死んだ人をうめたりしたらそこに旗、のぼりをたてる。それに経文がプリントしてある。それが風でパタパタ、パタパタとはためく。その経文が、つまり仏教のエッセンスが、空中に飛散する。大気をみたすわけです。

つまり仏教世界では、空気は流動的な軽い気体ではなくて、不動のリアリティーをもっている。

そういう意味でのコスモスができたとすれば、索引としてのコスモスじゃない、結晶体としてのコスモスになるんじゃないか。こんなことを、いま、すこしかんがえているんですよ。

絵のなかに画家が住む

――　そういう目でご覧になって、いまの民族学がかかえている問題というと、どうなりますか。

岩田　問題は、フィールドでの最初の観察だとおもうんですよね。われわれの観察というのは、常識の世界でのものの見方の延長というか、慣性でみているだけですよね。しかし、ひょっとすると、そこには木が人で、人が木であるというような、ほんとの隙間のない風景が展開しているのかもしれないとおもうんですよ。

ぼくらでもそうなんだけど、村の人に「あの木に神さまはいますか」と聞いて、「いますよ」といっても、それをたしかめる手段をもっていないでしょう。「いませんよ」といったって、それもたしかめられない。ほんとはそこに神がいるかもしれない。だから、イエスかノーかではいかない。けっきょく、イエスとノーをふくむ場ということが問題になってくる。イエスでもありノーでもあり、あるいはそこからイエスがでてくるし、同時にノーがでてくるようなうけ皿というか、それが究極の単位で、そこから出発しないことには、いろいろいってもだめなんじゃないか。有が無で、無が有だというもうけ皿がいる。

――　近代科学は解釈のなかに調査者個人をふくまないようにしてきた。それが原因なんでしょうね。

岩田　自分をそこにふくむ、自分の経験だけを立脚地にする方向にわれわれのかんがえ方を移行させていかなければならない。たとえば中国なんかの風景画というのは、山があって、川があって、舟があって、小さなあずまやがある。そういう伝統的な山水なんだけれども、画家はそれをたんにうまく感動的にかいたらいいんじゃなくて、そのあずまやに画家が住める、もっといえばそこに住めるということが必要不可欠の条件なんだね。人が住めないような崇高なヒマラヤの山をかいても、風景画にはちがいないんだけど、中国の伝統絵画がめざしている風景とはちがうんですよ。われわれは画中の人にならなければならない。

だから、もっといえば民族学者が質問をする、話を聞くというのがじつは問題なんだ。聞かないでわからないとだめなんじゃないか。以前は質問項目を百つくって、それを一から聞いていくような調査はよくないですよといったけれど、質問するということじだいに問題がある。質問するまえに自問自答する。それができなくてはいけない。

民族学者は民族学者であるまえに、哲学者か宗教学者でないといけないんじゃないかとおもうんだ。民族学をやってる人が世間の常識しかもっていない人だったとしたら、調査してでてくるものは、でてくるまえからわかってる。

—— 常識しかでてこない。

岩田 あとは知識がふえるということ。知恵はふえない。しらべればしらべるほど、本はあつくなる。しかし、それから知恵としてつたわってくる量は、だんだんだんだんすくなくなる。

――さっきの索引の量がおおくなるということですね。

岩田　そういうこと。つまり人の心にひびかない。だから、小説よりも詩、詩よりも短歌、短歌よりも俳句というふうに、みじかくなればなるほど、浸透性をもってくる。みじかいことばになればなるほど、人の心にはいってくる。ことばがなければ、なおはいってくる。だから、禅宗なんか「無」というけれど、無といっちゃいけない、そこにすわって姿でしめす。からだで表現する。話がちょっとややこしくなって、自分自身が迷路にはいりそうだけど……。（笑）

吹き矢をふく、小鳥がおちる

――『アニミズム時代』のあとがきにアニミズムを出発点としてシンクロニシティ空間をめざして書いた、とありますね。

岩田　一昨年（一九九二年）の八月ごろ、遠藤周作さんが朝日新聞の「万華鏡」というコラムで、シンクロニシティ。共時性というのはたいへんおもしろい現象だというのを書いていたでしょう。それを読んでというか、読むまえからそうだったんですが、もうすこしかんがえてみたいという気がしたんです。

――遠藤さんが共時性というのは、ふしぎな暗合というようなことでしょう。

岩田　ふたつのできごとが因果関係なしに、しかし意味のうえではふかくかかわりながらおこるということですね。正夢とか、虫の知らせとか、偶然なんだけれども、あとからふりかえってみれば、なんとなく必然の相をおびてるということでしょう。ふつう共時性と訳してるんだけど、ひとつの「時」を共有するのではなくて、ふたつの異なる「時」がそれぞれの根っこをおなじくするという意味で、ぼくはそれを同時性といっているんです。共時というとどうしても時計が二ついる。時計を忘れたいんです。

——　中国のいい方で「啐啄《そつたく》」というのがあるでしょう。卵がかえるときに、親どりがつつくのとひなが内からつつくのとがいっしょになる。

岩田　あれは内と外が一点でまじわる、出会ったわけね。だけど、出会わなくても、もっとはなれていてもそういうことのおこる空間がありうる。

たとえば、むかし、鎌倉時代に道元が中国の天童山で修行していたとき、「ホトトギス鳴き、山の竹がバリッと裂ける」という師匠のことばを聞いて、ハッとひびくものがあった。日本にかえってきてから十数年たって、ホトトギスの鳴く声を聞いて、ふたたびハッと心にひびいた。その声のなかで中国と日本、むかしといまがひとつになった。

これは柳田国男の自伝『故郷七十年』にある話ですが、十四歳の柳田さんが小さい祠《ほこら》のなかにあった蠟石《ろうせき》の玉をみているうちに恍惚として、一瞬、意識をうしなってしまった。

そのときピーッというヒヨドリの声を聞いて、なぜかわからないが、われにもどったという。じつはこれが柳田民俗学の原点なんですね。

道元の聞いたホトトギスの声、柳田さんが聞いたヒヨドリの声、時間をへだて、距離をへだて、それぞれ人もちがうけれども、これらの体験は同時性の体験といっていい。それをアニミズム体験とよびたいわけです。つまり時間がたってたたない世界というか、空間をへだててへだてない世界というか、だから、ここはそこであり、そこはここ。このときはあのときで、あのときはこのとき、そういうふしぎな世界がありうるんだとおもう。

――ボルネオのプナン族の話を書いておられますね。プナンの男が吹き矢をふく、木に止まっていた小鳥がおちる。それを同時性ととらえていらっしゃいますよね。ふくのとおちるのは、因果のつながりではないと。

岩田　ふくのが原因で、おちるのが結果だと、そうもみえるし、じっさい、そうにちがいないんですよ。だれがみたって因果なんです。だけど、見方、みえ方はそれだけだろうか。そうじゃない見方があって、そうじゃないみえ方がじゅうぶんに成立して、そのほうが魅力的だったら、それはすてないほうがいいんじゃないか。

どうしてそんなことをおもったかというと、プナンの吹き矢をみてから十数年たってブータンにいったんです。ブータンのお寺の壁に曼荼羅《まんだら》がいっぱいかいてあって、坊さんがそのまえで坐禅をしている。曼荼羅の世界となんとかして一体になろうとしているわけですよ。坐禅をして、精神を集中していくと、だんだんだんだん曼荼羅が自分か、自分が曼荼羅かわからないような、一元的な世界のなかにはいりこむわけです。

それをみてお寺の外に出たところで、少年僧たちが投げ矢をして遊んでいた。ずんぐりした木でつくった矢を投げて、十数メートルさきの的《まと》にあてるんです。たいていはあたらないけどね。（笑）投げ矢をヤッと投げて、空中をとんで、的にパッとあたる。そこをかんがえる。あたったっていうことは、最初からあたってたんじゃないのか。投げてあたったんだけど、あたるべくしてあたるというか、投げるまえにあたっていたというか。

―― 日本の弓道なんかもそういうところがあるでしょう。

岩田 ドイツ人のヘリゲルという人が『日本の弓術』（一九八二年、岩波文庫）という本を書いていますね。日本にきて、仙台で弓道をならった。「矢を的にあてようとおもっちゃいかん。じっと的の方向を注目してそのときを待つ。そうすると的がちかづいてくる」と先生がいったというんですよ。

ヘリゲルさんも、やがて的がけっきょく自分なんだとわかったというのです。的はブッダである。それが自分自身の本質であるブッダにちかづいてくる。そうすると自分が自分に矢を射ているということになる。どうもシンクロニシティというのは、そういう性質をもった空間だとかんがえたほうがいいとおもう。ある空間のなかの出来事ではなくて、自分がその空間なわけです。

死につつまれた生の世界

——さきほど民族学者は質問せずにわからないとだめだとおっしゃいましたが、同時空間というのはことばのいらない世界なんでしょうね。

岩田　ようするに木とか動物にはことばがつうじないでしょう。ことばのつうじないものに、われわれのことばではこうだといったってぜんぜんだめだし、シンボルではこういえるなんていったって、なんの意味もない。森羅万象にちかづくというかんがえ方からすれば、言語、シンボル、イメージというものをもう一回再検討する必要があるとおもっているんですよ。

——つまり、もっと身体化された空間。

岩田　空虚な場をみたすのに、身体運動でみたす方法と、ことばでみたす方法とふたつあるとおもうんですね。歴史的には前者から後者に重点がうつってきたんだけど、われわれのことばの背後というか、ことば以前にからだの運動がある。それが相手に同調する。手の舞い、足の踏むところをしらずというかね。

——たしかにわれわれも、因果的に生きてるところもあるし、たとえば眠っているあいだにみる夢なんか、因果からかんぜんにはずれてますね。ぜんぶが因果でうごいているわけじゃない。

岩田　つまり吹き矢をフッとふいて、小鳥が何メートルかさきでコトッとおちる。これが同時だと、因果じゃないんだという背景には、吹き矢をふくプナンの生活の場というものが二層になっているということがあるんです。つまりおもての因果関係の成立する空間と、その背後にもうひとつべつな空間、つつむ空間があって、その両方あわさったのが彼らのリアリティーの世界なんです。後者のほうはいままであんまり人が調べてなかったから、それをかんがえてみたんです。

その空間というのはエクスタシーかもしれないね。酩酊というかね。日常のなかで、ときどき儀礼や遊びをとおしてエクスタシーにはいるというんじゃなくて、日常の常識的・因果的世界の裏側はぜんぶエクスタシーで、それがときどきおもてにでてくる。エクスタシーの世界が、常識的・因果的世界と二重構造になっている。

——それはもしかしたら生と死との関係にもかかわりがあるんでしょうか。

岩田　たしかに、同時という、因果をはずれた世界といちばんちかいのは、ひょっとすると死の世界だとおもう。死というのは生と密着しているんだけど、その関係はどうなっているかというと、死の世界が生の世界をつつんでるんだとおもう。生の世界からわれわれはときどきおっこちる。それが死というものじゃないか。

人が死んであの世にいくというでしょう。でも、この世はあの世で、あの世はこの世だとかんがえないと、物語の世界になってしまう。死んでから魂が三途《さんず》の川をわたって、しばらくいくと極楽があって、地獄があってというストーリー。それがわるいとはいわないですけど、それがおおくの人にとって意味があれば、それでいいんですけどね。

――最近、臨死体験というのが話題になってますよね。

岩田 京都大学のカール・ベッカーさんが、『死の体験』(一九九二年、法藏館)という臨死体験の本を書いていますね。花のさいている野原をあるいて、とてもいい気持ちになったとか、川がながれていて、それをわたろうとしたら、死んだおじいさん、おばあさんがきて、こっちへくるなといったとか、あるいはからだから魂が離脱して、高いところから自分の寝ているベッドをながめていたとか、そういう体験の例がいっぱいでてくる。

彼にいわせると、中国や日本の浄土教や浄土思想はそういう臨死体験をもとにしているんじゃないかという。彼はアメリカ人だから、極楽浄土までは実証しようとしないけれど、その途中までは実証したいとおもうんでしょうね。だけど、ぼくは臨死体験にもあまり賛成できない。いまみているのがこの世であると同時にあの世だということにならないと、極楽浄土の納得できる説明にはならないんじゃないかな。

あんまりわかりやすくもない理屈になってもこまるんだけど、最終的には生とか死とかいうものが、そんなに大げさなことじゃない、そういうふうになればいいなとおもうんですよ。

文明と未開に橋をかける

――ところで、最近の自然保護とか環境問題というものをどうご覧になっていますか。

岩田　自然保護というのは、ちょっとまやかしがあるとおもうんです。まえに、森の保護ということをどうおもいますか、といって学生にレポートを書いてもらってたんです。そのなかでなかなかおもしろかったのは、人間は右手で保護して左手で破壊してるじゃないかというんだ。たしかにそのとおりだね。自然保護も環境破壊も、けっきょく人間のことしかかんがえていない。

人間中心主義からはなれられない。人間というのはそういうものだとおもうけど、だけど、理屈はあわないんだよね。理屈をあわせたら、下降志向にならざるをえないんだ。木よりも動物がえらくて、動物よりも人間がえらくて、といった上昇志向だと最後は物質主義、モノを制御するだけの文明にいきつくしかない。

環境問題にしても、南北問題にしても、先進国も発展途上国も両方うまくやりましょうというのは無理でしょう。すすんだほうが下降志向をもたないと、途上国の生活水準をひきあげましょうというばかりでは地球がもたない。そこがむずかしいところで、民族学でも未開と文明とか、野蛮と文化とかいうけど、そのふたつのあいだの橋わたしがまだできてないいんじゃないか。

——文化相対主義で文化に優劣はないといっているけれども、現実に差別はなくならないですね。

岩田 レヴィ＝ストロースでも、未開人といってもかしこいですよという。神話なんか読んでみると、なかなかうまくつくってあるとか、社会組織のなかに数学的な思考があるとかいうけど、それだけではたりないとおもうんだ。未開と文明、野蛮と文化のあいだには、もっとたくさんのチャンネルがなければいけないとおもう。

仏教とかキリスト教が、そういう問題にたいしてどういう態度をとるかというのは、なかなかむずかしい問題ですね。だけど、仏教はどちらかというと下降志向でしょう。上昇志向で、もっといいくらしをしましょうなんていうのは、仏教のなかにないいんじゃないかな。

——諦観《ていかん》とか。

岩田　そうそう。涅槃《ねはん》とかね。悟りといったって、悟りのなかには上下の秩序がない。一種のカオスでしょうがね。晴れではなくて曇り。

――エネルギーレベル、ゼロみたいな。（笑）

岩田　そうなんだ。そういうところにいくから、さっきの「同時」という不可思議な世界がなりたつのかもしれないけどね。

ささやき、ちかづいてくる風景

――いま学問は生物学から哲学、宗教学までこまかく細分化されているけれども、環境問題とか死の問題となったら、ひじょうに無力ですよね。

岩田　けっきょく、自分学といったらおかしいけど、自分というものの位置づけが依然としてぬけてるんですよ。自分はいつも外からみて、あたらしい学問を構築してるわけですね。自分がなかへはいったらどうなるかということをもっとかんがえないといけないとおもいますね。

――風景画のなかに自分をいれるということですね。

岩田　ぼくはね、こんどは風景論を書こうとおもっているんですよ。うつくしい風景があるとするでしょう。山があって、森があって、川があってね。それをああでもない、こうでもないと、いろんな人の風景画論を参考にしながら絵にかいたとしても、ひとつなにかたりないことがある。なんでかなとおもったら、やっぱりこっち側からだけみて、むこう側からみられないというところにあるんじゃないか。

つまり、生きているところからだけみて、死んでからの風景がかけない。両方がないとほんとの風景にはならないんじゃないか。しかし死ななきゃかけないんじゃこまるから、死なないで、この世とあの世とか、山のこちら側とむこう側とか、その境をとおりこして、しかもまたもどってきてかくという、そういう風景論をかんがえたいなとおもってるんですよ。

だから、さっきの臨死体験でもそうでしょう。魂があの世にいってもどってくるというんだけど、そこで語られるのはどうもむこうのことばっかりで、もどってきたあとの山や川やわが家のありさまはぜんぜんかわっていないからおかしいんだ。

――そのばあいの風景論というのは、原風景の問題になるのでしょうか。

岩田　そうそう。原風景というのは幼少期の体験のなかで記憶されたわすれがたい風景、風景の原型といってもいいし、心理学で既視体験という、はじめてみる風景なのに、すでにどこかでみたことがあるという、そういう風景でもいい。学生に「わたしの風景論」というのを書いてもらったら、なかなかおもしろいのがあったんです。

自分の母は、みたことのないおなじ風景をいつも夢にみて、それをみんなに話して聞かせていた。それをおばあさんが聞いていて、その風景は比叡山にあるといったっていうんだ。それで母は、それじゃとおもって、いわれたとおりの道をたどって、とにかくいったんだって。そしてたらその風景がほんとにそこにあった。それからそれをみるのがたのしみになって、ときどきそこへいくことになった。そんなことが書いてあったんですよ。

だから、みたこともない風景を、自分だけじゃなくて、おばあさんもみていたことになる。これは一種の原風景ですね。原風景というのは、型がきまっているんじゃなくて、そのとき、そのときに感動をあたえるもの、エクスタシーのなかの風景ですね。そのとき風景のほうからこちらにささやき、ちかづいてくる。そういうのが原風景じゃないかな。つきつめていえばそれが仏の世界でしょう。

——以前、先生はよく京都御所で木の絵をかいておられましたが、絵はむかしからかいておられたんですか。

岩田 おじが絵かきで、いっしょの家に住んでたんです。そこでなんとなく門前の小僧になった。

——以前は短歌もやっておられましたね。

岩田 もうやめました。だいたい才能ないから。(笑) 絵は才能あるかといったら、それもないけど、どっちかというとすきなんですよ。

―― 木をかきながら自分をかんがえるということなんですか。

岩田 かいていると木のかたちがおもしろいし、木のことばが表現できるというか、木のかたちと自分の心の造形とが一体化するんですよね。自分がかいているんだけれども、ほんとは木がかいているのかもしれないという……。いつか木と一体になれるような気がするんですよ。

聞き手・秋道智彌（対談時　国立民族学博物館教授）

初出一覧

Ⅰ

カミの出現　書き下ろし

宗教の海　『ユニテ』一九九三年三月（原題＝大洋感情と宗教の発端）

魂のトポロジー　大谷大学『哲学論集』三六、一九九〇年三月

Ⅱ

穴のあいた空間　『仏教』五、一九八八年一〇月（原題＝神、カミ、そして穴ぼこ空間へ）

自分マンダラが動く　『仏教』二一、一九九二年一〇月

シンクロニシティの空間　書き下ろし

草木虫魚教のゆくえ　『仏教』別冊五、一九九一年六月

Ⅲ

大地の色　『可視光』一九九一年三月

生死の風景　『正論』一九九〇年一二月（原題＝生死）

私の山河　高田宏編『私の山河』一九九二年、悠思社（原題＝ウル・バラムの経験）

宇宙と交感する　『仏教』一二、一九九〇年七月（原題＝自然と交感する）

風景のなかへ　『仏教』別冊六、一九九一年一一月（原題＝風景学とエコロジー）

Ⅳ

森の思想・森の生き方　『京都新聞』一九九二年二月一一日（原題＝森の思想）・『山形新聞』一九九二年五月八日（原題＝イバン族と音の文化）

宗教の森　『大谷学報』一九八七年一月

付記

いま、なぜアニミズムなのか　『月刊みんぱく』一八―一、一九九四年一月

解説

松本博之

六〇年前の北部ラオス、山あいのパ・タン村で出逢ったカミ（ピー）の小さな祠。それを機に岩田慶治さんに巣くってしまったアニミズム世界。本書は『草木虫魚の人類学』（一九七三年）以後の岩田アニミズム論の到達点であり、またアニミズム経験の要の一つ、「同時性（シンクロニシティ空間）」の再考をめざした試論である。もう一つくわえれば、岩田さんの作品はすべてそうなのだが、人間中心主義をこえた臨界点にある宗教という、目に見えないたましいの響き、より一般にはほんとうの自然との共生共存にむけた方法の書といってもよい。

アニミズムとよばれる宗教は、おそらく地球上の人類の登場とともに今日までその歩みをともにしてきたものであろう。岩田さんはアニミズムの根幹を自然と人間との直接的対応におきかえ、ひたすらその発端の姿を描きだそうとした。そして、そこにはらまれる思想の地平を切りひらき、どこまでも深めようとしてきたのである。

一章冒頭の「カミの出現」は簡素なまでのその時点における要約だ。いかにも岩田さんらしく、油絵具を塗りかさねるよりも極限まで削ぎおとし、余白をのこしている。岩田さんにとって、これは一つの到達点ではある。しかし、それは、画家の作品のように、あくまでその時点における岩田さんのアニミズム世界の風光（ヴィジョン）であり、分身としての一つの作品である。

岩田さんはカミないしアニミズムが何よりも〈わたし〉をふくまなければ、そのいしずえを失ってしまうと明言する。外から観察し、人の話を聞き、それらを分析し、辻褄をあわせて説明するという近代科学の手法では、ほんとうの自然との遭遇、カミの出現という事態に近づけず、生きた形での理解に到達しえない。人の知性による論理と言葉でおきかえることのできない世界を描きだそうとした。近代科学の里程には、人間中心主義の自然の管理という姿しか思い描けない深い苦悩がともなわれていたからである。いかにすれば、カミという事態、あるいはカミとの出逢いの場へ近づくことができるのか、それと同時に、その出逢いの場をいかに表現すればよいのか、それが道なき道を歩もうとした岩田さんの自分学を形づくったのだ。

岩田さんが準備し、つねに洗練をくわえたのは「柄と地」、「身体とたましい」、「生と死」、「この世とあの世」、あるいは「見えるものと見えないもの」といったモチーフであり、こどもの遊び論、風景画論（原風景）、同時性論のテーマはアニミズム世界へ近づく補助線であった。

岩田さんの作品にみられる、まるで絵のようにその世界の真っ只中に立たせてくれる感覚、われわれの見えない、聞こえない、気づかない果実を引きだし目の前に展開してくれる魅力、ときには逆にわれわれの日常性をこえる表現のわかりづらさ、これらは岩田さんのアニミズム経験と思考法の泉源が「フィジオノミー」にあるためかもしれない。ありきたりなフィールドワーカーとはちがい、冷徹なまでの観察から出発しながら、生きた身体的経験や感覚や感情によって接近し、自身の経験の反芻により、内にむすばれ生動するヴィジョンを言葉化しようとしているからだ。この解説では、岩田さんの表現の背後にあるフィジオノミー的思考法のありようを探ってみよう。

フィジオノミーはふつう相観学、ときには聞きなれない相貌的思考とやくされる。この事物への接近法は観察者の個性を活かしながら、事物の本質の洞察につながる直観的印象を大切にする。一般に詩や絵画の創作には不可欠な性向とみなされているが、人ならば誰にでも大なり小なりそなわっている資質であろう。

たとえば、身体性の思想家メルロ・ポンティは、フィジオノミーの一つの典型として幼児の空間体験を解説している。幼児は周囲の生きものや事物に自分の身体をとおして入りこみ、自分の行為におうじてこころに映じるどのような光景にも自分を浸透させていく。つまり周囲の動植物などに驚きとともに出くわすが、それらは幼児にとって身体感覚の延長であるから、自己と同じ本質をもち、いわば自己の分身である。だから、そうしたモノに映しだされているのは生動する自分なのだ。また幼児のこころでは自分がすべてをふくみこむ全宇宙であるから、それらのモノは自分とは別の存在であるとともに、自己から浮かびあがり、自己と照らしあう仲間なのだ。このように、幼児は与えられた対象や行為を自分の身一つで再現しながら世界の本質にせまっていくのである。ここにフィジオノミー的思考の雛形が示されている。

こうした幼児の空間体験は、専門家に怒られるかもしれないが、幼児を毘盧遮那仏におきかえれば華厳世界の事々無礙、大日如来におきかえれば胎蔵界マンダラの風光といえなくもない。

岩田さんはフィジオノミーとしての思考法を一九世紀ドイツの地理学者K・リッターから吸収しており、セザンヌのモチーフの把握に関する記述をのぞけば、メルロ・ポンティとの直接的な系譜関係をたどれない。だが、幼児の空間体験は岩田さんのアニミズム論「地と柄」のモチーフと二重写しになってくる。

まず何よりも自分が参入していなければ、そうした生きた形のヴィジョンは見えてこない。フィジオノミーには、近代科学とはちがい、〈わたし〉の参入が不可欠だ。岩田さんは幼児ではないけれども、アニミズム経験を、つまりカミと出逢う場を、問えば答える、文化以前の自然との無垢な直接的対応にもとめた。幼児は言葉以前、文化以前の世界で生きる身体をもち、そこからのびのびと読みとり、浮かびあがる対象を身体的に再現するやり方で世界の本質を了解していく。

岩田さんの〈地〉と〈柄〉でいえば、幼児の身体は〈地〉としての全体宇宙を、つまり〈ほんとうの自然〉を生きており、しかもその出くわす森羅万象、モノは自己の分身であるから、岩田さんのいう〈柄〉として地織紋様のごとく〈地〉から浮かびあがっている。だから、フィジオノミー的思考によるアニミズムの風光では、「人が木になり、木が人になる」自由な変換（メタモルフォーゼ）の世界が展開するのである。

岩田さんにはもちろん、華厳世界の観相や道元『正法眼蔵』「有時」の思想が入りこんでいるだろうが、岩田さんはそのような言葉化された経典の知的解釈はさておき、あくまで東南アジア・南アジアの自然と伝統社会の具体的な経験を反芻し、内在化されたアニミズム経験の風光、つまり宗教の原像をフィジオノミー的思考によるヴィジョンをとおして現代世界に解き放とうとするのである。

また、メルロ・ポンティが幼児の空間体験にフィジオノミーの原型をもとめたことに照らすと、岩田さんがアニミズム経験をこどもの遊びとそのエクスタシーのなかにもとめたことは今更ながら、その慧眼に驚かざるをえない。

それ以上に、アニミズム世界へのもう一つの補助線とした風景画論の基盤もこのフィジオノミー的思考にありそうだ。幼児にとって空間体験（いわばアニミズム体験）は言葉以前のヴィジョンである。風景である。風景を構成する絵模様（モノ）は幼児の分身であるから、自画像でもある。それは外からながめているのではなく、ヴィジョンのなかにいる自分をふくむ風光である。

岩田さんは、宗教のフィールドにあっては、調査者が全人的に参与して内側から接近しなければならないし、その比喩としての風景画論においても、画家が画中の人にならなければならないと力説する。要するに、調査は、とくに宗教は他人事ではない。

宗教は生身の人間のリアリティである。宗教は外からは見えない世界である。幼児の見る風光のように内部に入りこまなければ、その生動するこころのうちの風光を見ることができない。フィジオノミーとしての風景画論におきかえれば、画家は文化以前のほんとうの風景に出逢おうとする。生動する風景は画家のヴィジョンである。だから、画家はできあがった画にあっては、幼児と同様、全宇宙であるキャンバスだといってもいいし、余白だといってもいい。〈柄〉としての絵模様は全宇宙である〈地〉としての画家の分身であるから、それぞれが画家（ほんとうの自然）に裏うちされている。だから、アニミズム経験では、「松のことは松に習え、竹のことは竹に習え」といった言葉が口をついて出てくるわけである。松も竹も、フィジオノミー的思考にあっては、ほんとうの自然に裏うちされた独自な存在だからである。若いころには詩作され、晩年まで木を描くのがお好きだった岩田さんだから、フィジオノミー的思考はぴったりと肌になじんだのであろう。

そして最後にもう一つ、本書で再考される同時性（シンクロニシティ空間）。ここには、時計にしばられ、創造性のない時間をきらった岩田さんがいる。岩田さんが本書や『カミの人類学』（一九七九年）のなかであげられた具体的な類例についてはそれらの作品にゆずらなければならないが、幼児のヴィジョンはアナログとして空間として展開する。それは言葉のように時系列ではなく、幼児にとっては瞬間にヴィジョンとしてのパノラマがモノを存在させる。ふつうわれわれはわれわれを抜きにしてモノも時間も存在していると思っているかもしれないが、アニミズム世界におけるほんとうのモノとその出逢いの時は、幼児に見るように、その瞬間だけにリアリティがある。

岩田さんがハッとし、ドキッとしたその瞬間、フィジオノミーとしての相貌のなかでモノがほんとうの姿をあらわす。その世界、まさにその存在に遭遇することが時であり、モノをはなれて過ぎゆくような時間はないという道元の「有時」の風光をほうふつとさせてくれる。ここに、岩田さんがこれまでのアニミズム論の展開において、同時性に注目する一つのモメントがある。幼児によって存在させられるモノは自分という宇宙の分身として立ちあらわれている。岩田さんのアニミズム経験からいえば、〈柄〉はすべて〈地〉であるほんとうの自然によって裏うちされている。このほんとうの自然、隠れた自然との遭遇、その時を岩田さんは同時性とよぶのだ。瞬間の空間的ヴィジョンにあらわれる森羅万象は人もふくめほんとうの自然の分身であるから、それらの森羅万象は自由に変換が可能である。岩田さんはそこに日常性にしばられない時の自由さを認め、その同時性（シンクロニシティ空間）の場に、文化にしばられた自分からの解放、すなわち創造の可能性を見いだそうとしているのである。

フィジオノミーによる思考は岩田さんだけに特異なものではない。人間に見えない実在するリアリティを物語によって構成した宮沢賢治、科学によって対象化された自然環境ではなく、人間の生きられる空間としての自然を描きだす『風土』や『古寺巡礼』の著者和辻哲郎、それに岩田さんが思慕してやまなかった『正法眼蔵』の道元さえも、それぞれの個性をもち、ジャンルも時代も場所も異にしながら、ともにフィジオノミーによって自然や宇宙にせまり、その風光を描きだそうとした人たちである。時空間をこえた生身の人間と自然との間におこる事態、彼らが描きだそうとしたものは岩田さんもふくめ、フィジオノミーによってアニミズム空間へ参入し、そこで出逢ったほんとうの自然といえよう。これらの人たちは時空間をこえており、ここがそこであり、そこがここであるという岩田さんのいう同時性をまさに例証しているのではなかろうか。

ただ、こうしたリクツは、実際にほんとうの自然との遭遇におけるアニミズム経験に裏うちされなければ、言葉のうえでのヘリクツにすぎない。アニミズムは自分の参与による一人ひとりの出来事である。文字以前に、自然のなかでフィジオノミーによって各自が赤裸の人としてほんとうの自然との直接的対応を再発見すればよいわけである。岩田さんはそうした世界がいつでもそこにあるといっておられるのだから。

『アニミズム時代』と題する本書は、行方知らずの現代社会への岩田さんという地理学者、人類学者からの真摯な応答として上梓された。岩田さんは「今日のアニミズム」という根源に一人ひとりが立ち返る必要があると、警鐘を鳴らしつづけてきたのである。

（奈良女子大学名誉教授）

岩田慶治（いわた　けいじ）

1922年，横浜市生まれ。京都大学文学部卒業。京都大学大学院特別研究生，大阪市立大学教授，東京工業大学教授，国立民族学博物館教授，大谷大学教授を経て，東京工業大学名誉教授・国立民族学博物館名誉教授。著書に『カミの誕生——原始宗教』『東南アジアの少数民族』『草木虫魚の人類学——アニミズムの世界』『コスモスの思想——自然・アニミズム・密教空間』『カミの人類学——不思議の場所をめぐって』『カミと神——アニミズム宇宙の旅』『道元の見た宇宙』『からだ・こころ・たましい——宗教の世界を旅する』『死をふくむ風景——私のアニミズム』『木が人になり，人が木になる。　アニミズムと今日』『岩田慶治著作集』（全８巻）など多数。2013年２月，逝去。

アニミズム時代

二〇二〇年九月一五日　初版第一刷発行

著　者　岩田慶治
発行者　西村明高
発行所　株式会社法藏館
京都市下京区正面通烏丸東入
郵便番号　六〇〇-八一五三
電話　〇七五-三四三-〇〇三〇（編集）
〇七五-三四三-五六五六（営業）

装幀者　熊谷博人
印刷・製本　中村印刷株式会社

ISBN 978-4-8318-2613-8　C1139

法蔵館文庫既刊より

さ-1-1
増補 いざなぎ流　祭文と儀礼
斎藤英喜 著
高知県旧物部村に伝わる民間信仰・いざなぎ流。中尾計佐清太夫に密着し、十五年にわたるフィールドワークによってその祭文・神楽・儀礼を解明
1500円

キ-1-1
老年の豊かさについて
キケロ 著
八木誠一
八木綾子 訳
老人にはすることがない、体力がない、楽しみがない、死が近い。キケロはこれらの悲観的通念を吹き飛ばす。人々に力を与え、二千年読み継がれてきた名著。
800円

た-1-1
仏性とは何か
高崎直道 著
「一切衆生悉有仏性」。はたして、すべての人にほとけになれる本性が具わっているのか。日本仏教に根本的な影響を及ぼした仏性思想を明快に解き明かす。
1200円

さ-2-1
アマテラスの変貌
中世神仏交渉史の視座
佐藤弘夫 著
童子・男神・女神へと変貌するアマテラスを手掛かりに中世の民衆が直面していたイデオロギー的呪縛の構造を抉りだし、新たな宗教コスモロジー論の構築を促す。
1200円

て-1-1
正法眼蔵を読む
寺田透 著
さまざまな道元論を世に問い、その思想の核心に迫った著者による「語る言葉（パロール）」と「書く言葉（エクリチュール）」の「講読体書き下ろし」の読解書。
1800円

い-1-1

地　獄　石田瑞麿著

古代インドで発祥し、中国を経て、日本へとやってきた「地獄」。その歴史と、対概念として浮上することとなった「極楽」の歴史を詳細に論じた恰好の概説書。

1200円

く-1-1

中世史の構図

王法と仏法　黒田俊雄著

強靱な論理力と斬新な学説で中世史の構図を一変させ、「武士中心史観」にもとづく中世理解に鋭く修正を迫った黒田史学。その精髄を示す論考を収めた不朽の名著。

1200円

な-1-1

折口信夫の戦後天皇論　中村生雄著

戦後「神」から「人間」となった天皇に、折口信夫はいかなる可能性を見出そうとしていたのか。折口学の深淵へ分け入り、折口理解の新地平を切り拓いた労作。

1300円

あ-1-1

禅仏教とは何か　秋月龍珉著

仏教の根本義から、臨済宗・曹洞宗の日本禅二大派の思想と実践までを体系的に叙述。難解なその内容を、禅の第一人者が簡潔にわかりやすくあらわした入門書の傑作。

1100円

ほ-1-1

増補

宗教者ウィトゲンシュタイン　星川啓慈著

ひとつの孤独な魂が、強靱な理性と「神との和解」のはざまで悩みぬく。新発掘の二つの『日記』等をめぐる考察を縦横にもりこんだ、宗教学からの独創的アプローチ！

1000円

ア-1-1・2

評伝 J・G・フレイザー

その生涯と業績　上・下（全二冊）

R・アッカーマン著
小松和彦監修
玉井　暲監訳

大著『金枝篇』で世界に衝撃を与えた人類学者の画期的評伝。研究一筋の風変わりな日常から、出版をめぐる人間模様、悪妻とも評された妻との結婚生活まで。未公開書簡や日記も満載。

各1700円

い-2-1

アニミズム時代　岩田慶治著

森羅万象のなかにカミを経験する。その経験の場とは。アニミズムそしてシンクロニシティ空間によって自然との共生の方法を説く、岩田アニミズム論の名著を文庫化。

1200円

か-1-1

信長が見た戦国京都　河内将芳著

城塞に囲まれた異貌の都

同時代史料から、「町」が社会集団として成熟していくさまや、戦国京都が辿った激動の軌跡を尋ね、都市民らの視線を通して信長と京都の関係を捉え直した斬新な戦国都市論！

900円